FINDER

- Character Book -

Ayano Yamane

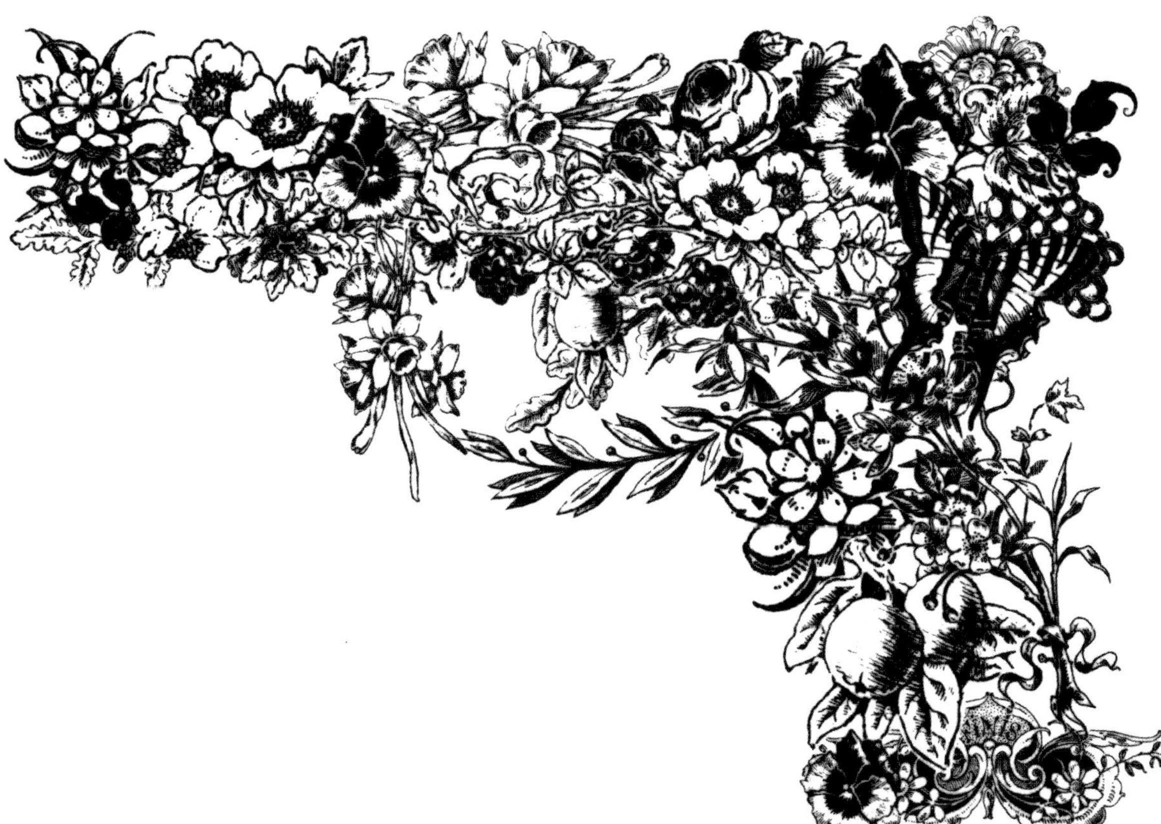

TOKYOPOP®
HAMBURG // LONDON // LOS ANGELES // TOKYO

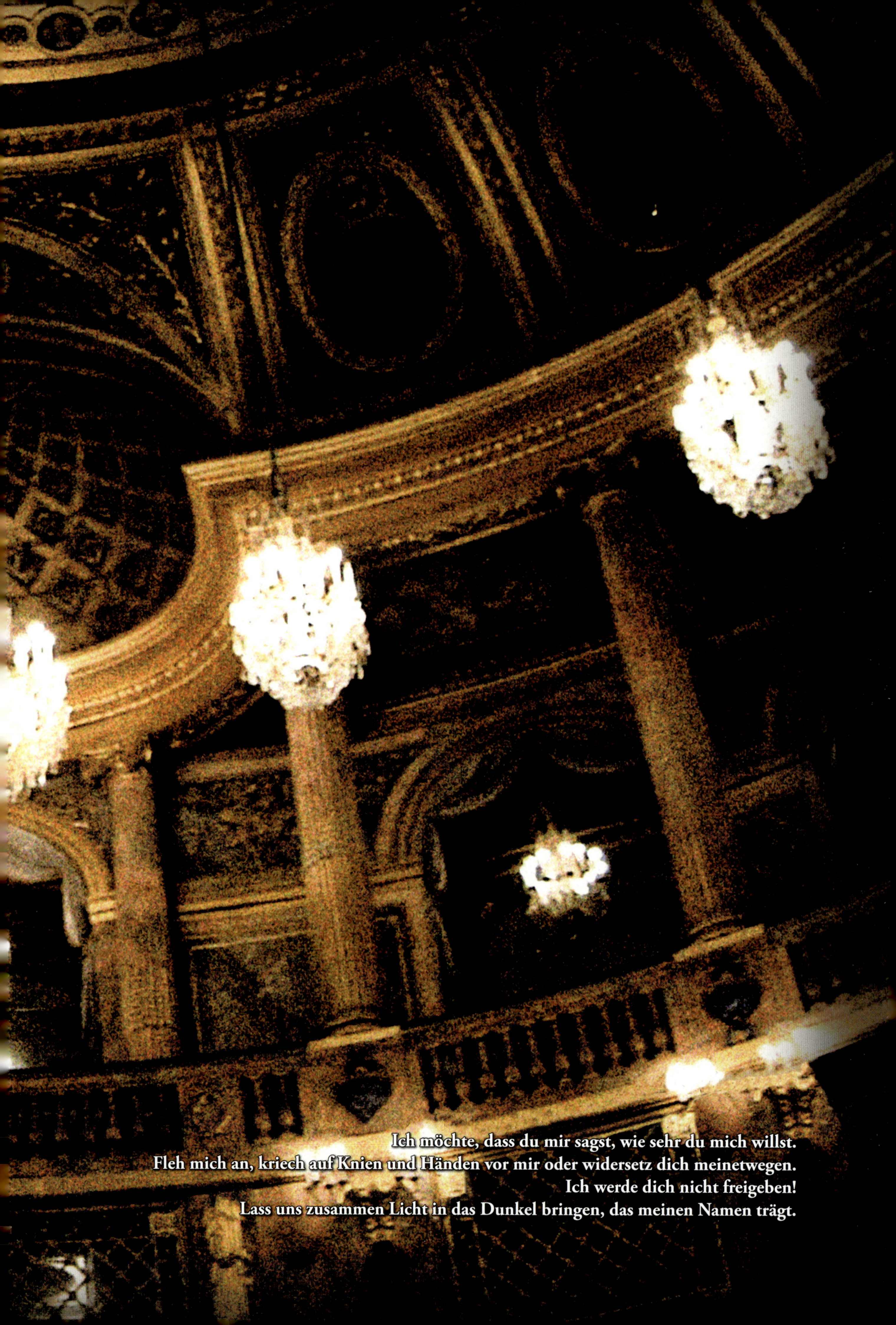

Ich möchte, dass du mir sagst, wie sehr du mich willst.
Fleh mich an, kriech auf Knien und Händen vor mir oder widersetz dich meinetwegen.
Ich werde dich nicht freigeben!
Lass uns zusammen Licht in das Dunkel bringen, das meinen Namen trägt.

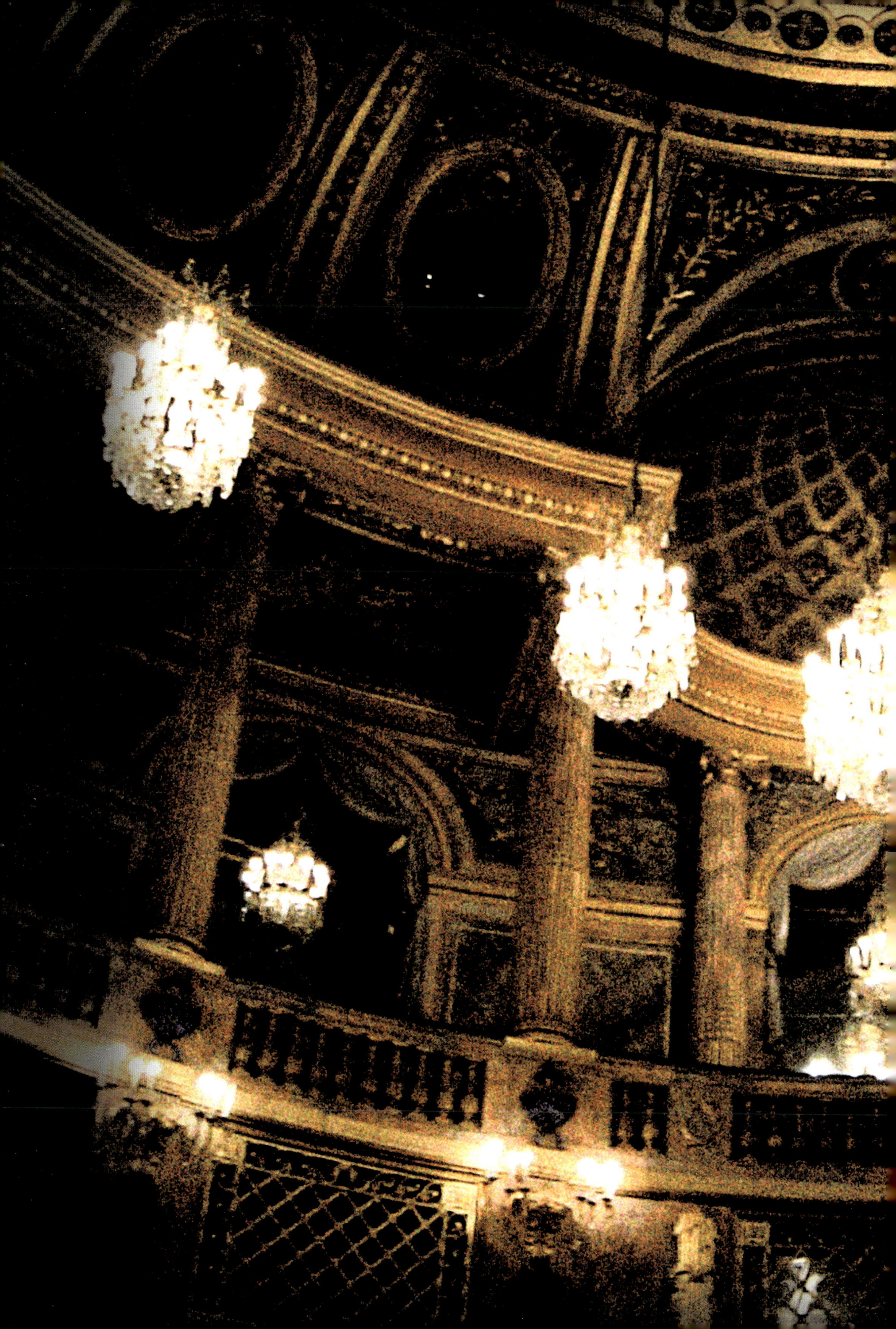

Inhaltsverzeichnis

Galerie

2001-2007

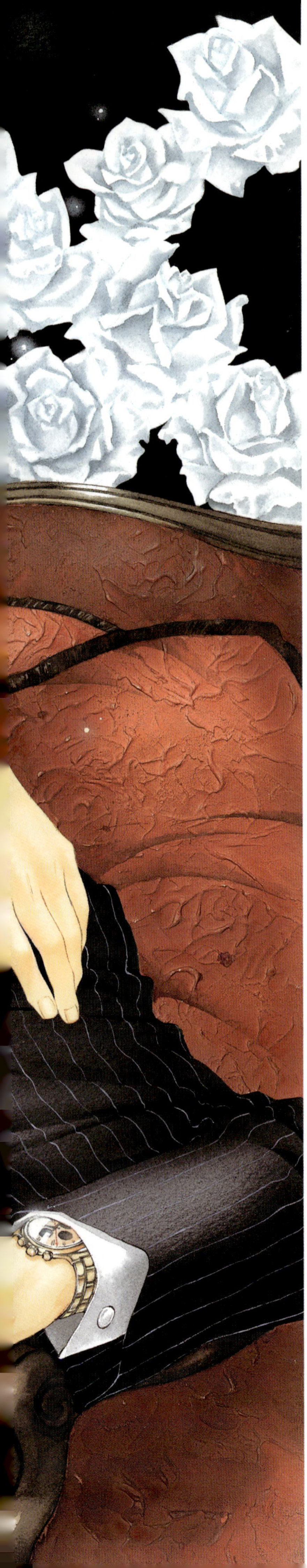

Ayano Yamanes Illustrationen

»Aya«-Cover-Illustration

März 2004, Farbtinte, Modellierpaste, Papier (*Watson*), 454 × 394 mm

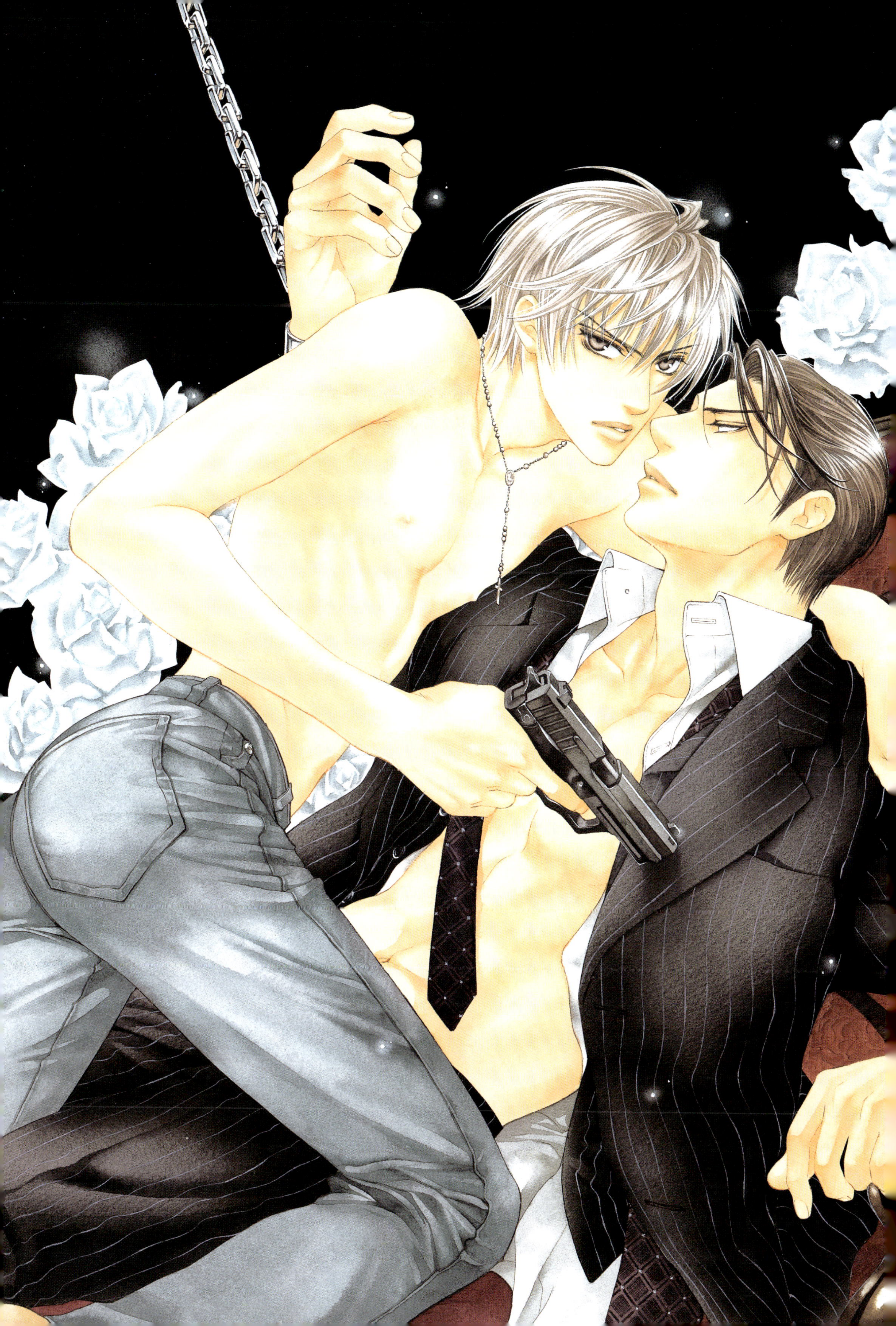

***BE×BOY* Comics**

Finder – Im Fadenkreuz-Cover
Januar 2002, Farbtinte, Papier (*Watson*), 476 × 355 mm

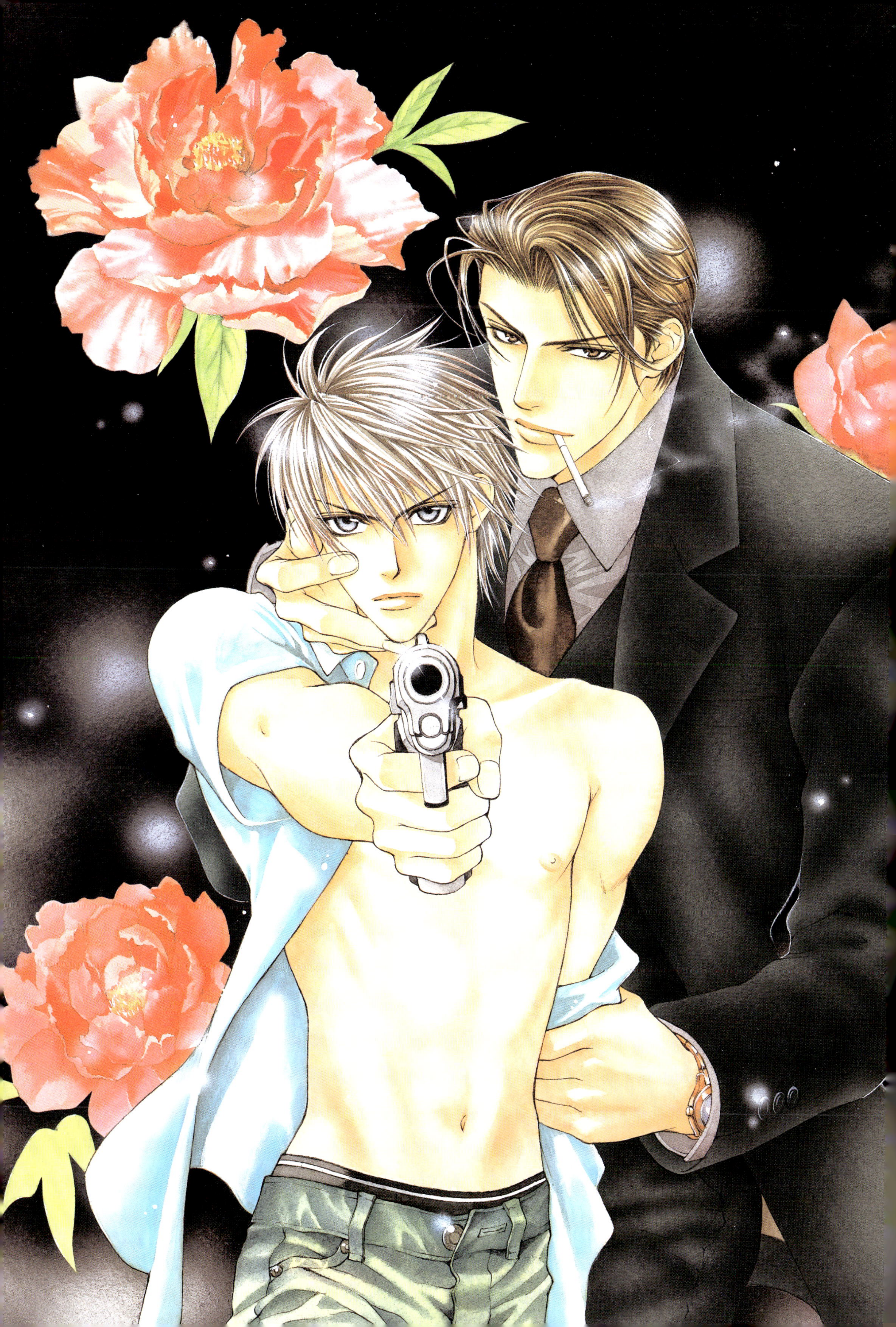

BE×BOY Comics

Finder – Im Käfig-Cover
April 2004, Farbtinte, Papier (*Watson*), 396 × 276 mm

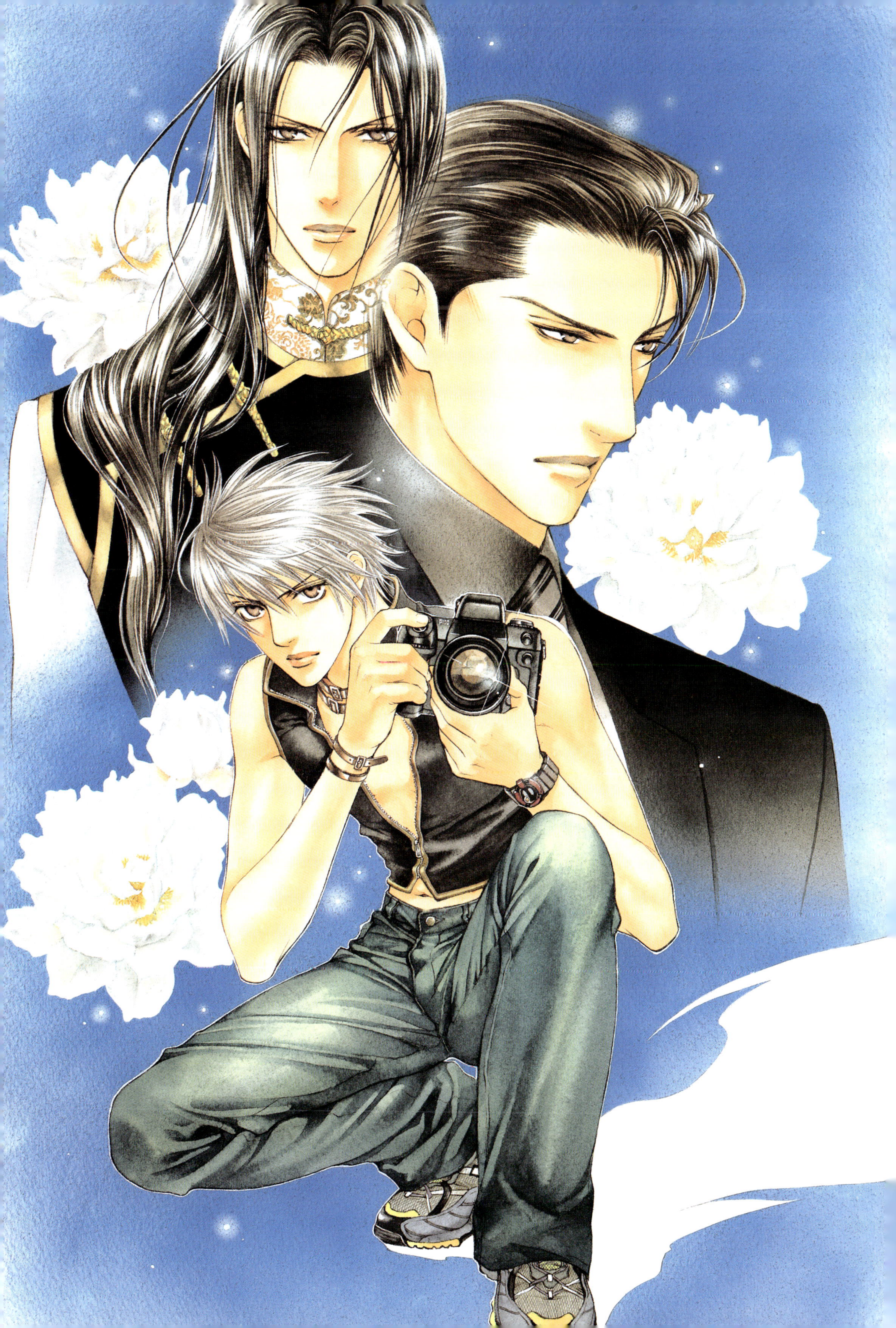

BE×BOY Comics

Finder – Auf schwarzen Schwingen-Cover

Oktober 2005, Farbtinte, Papier (*Watson*), 390 × 278 mm

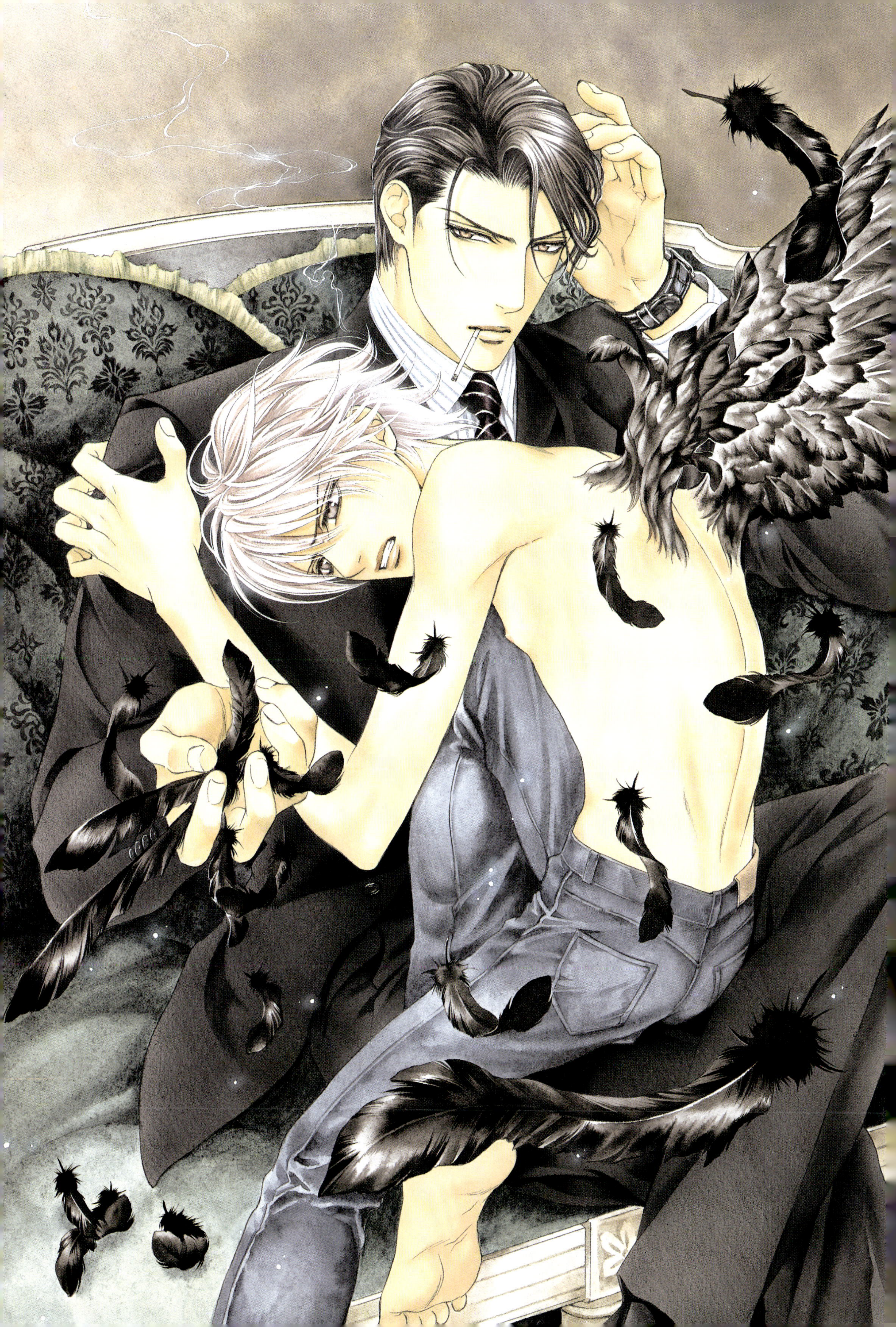

***BE×BOY* Comics**

Finder – In Gewahrsam-Cover

Mai 2007, Farbtinte, Papier (*Watson*), 393 × 295 mm

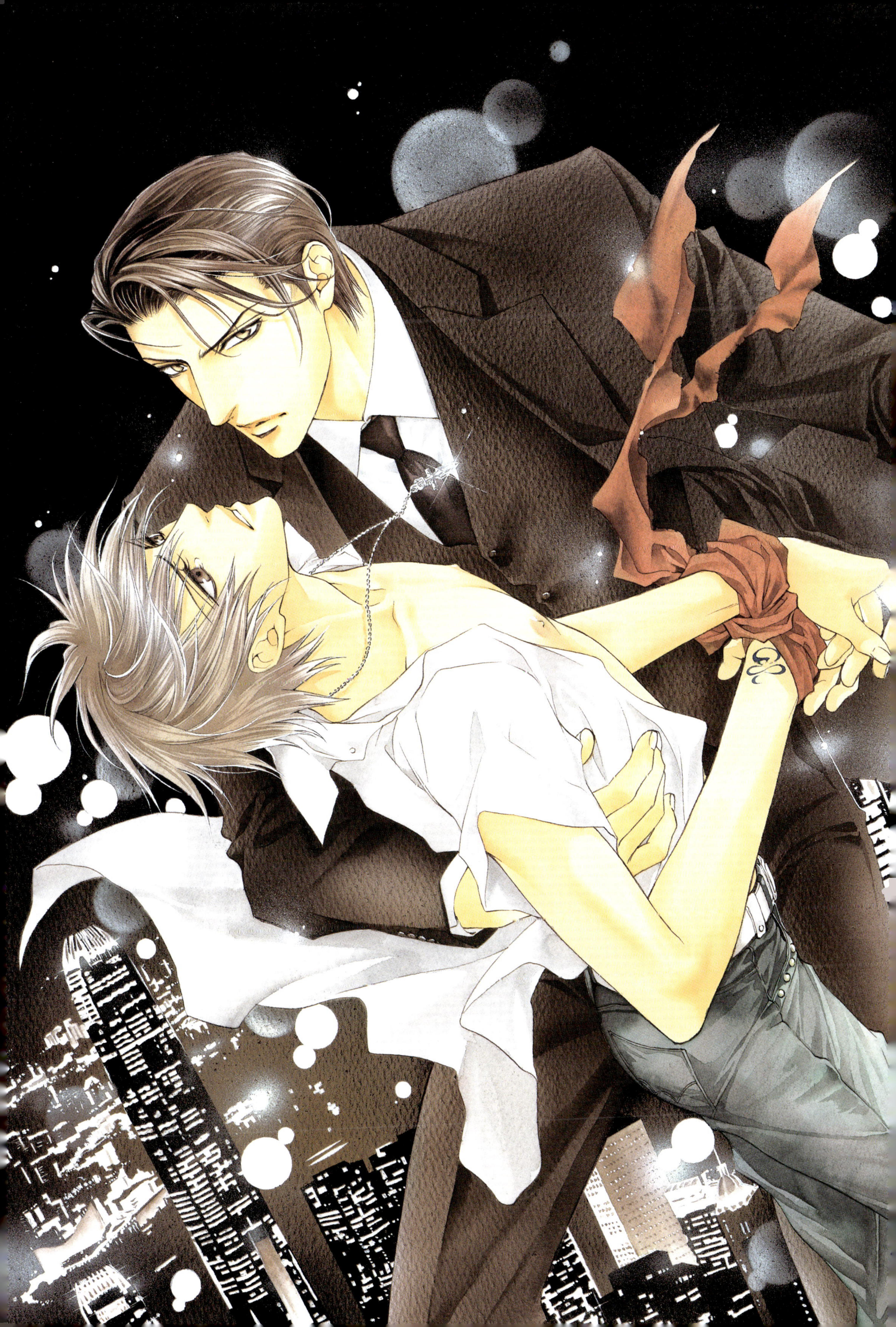

b-BOY LUV 6 -Magazin-Cover
Oktober 2003, Farbtinte, Papier (*Watson*), 399 × 280 mm

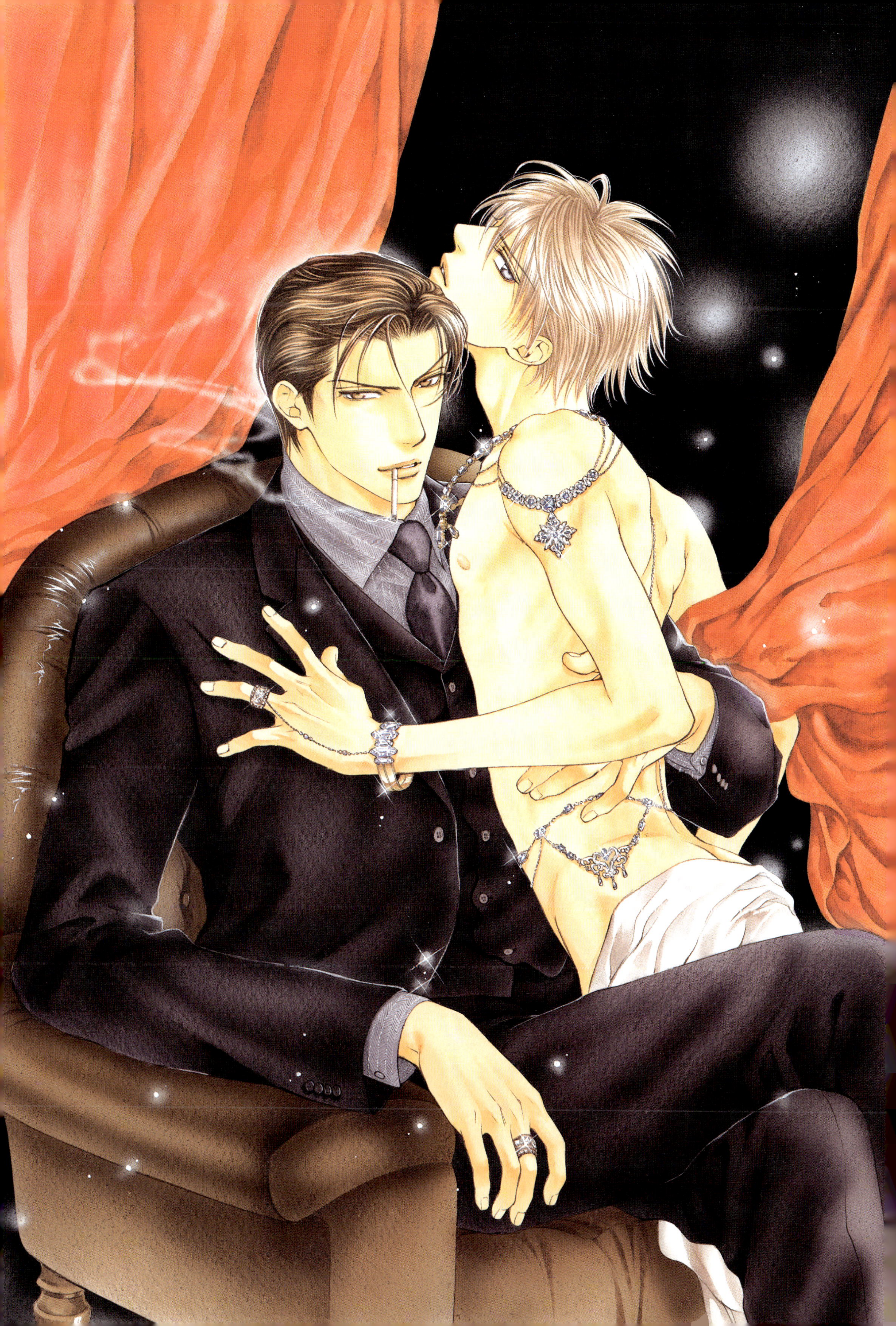

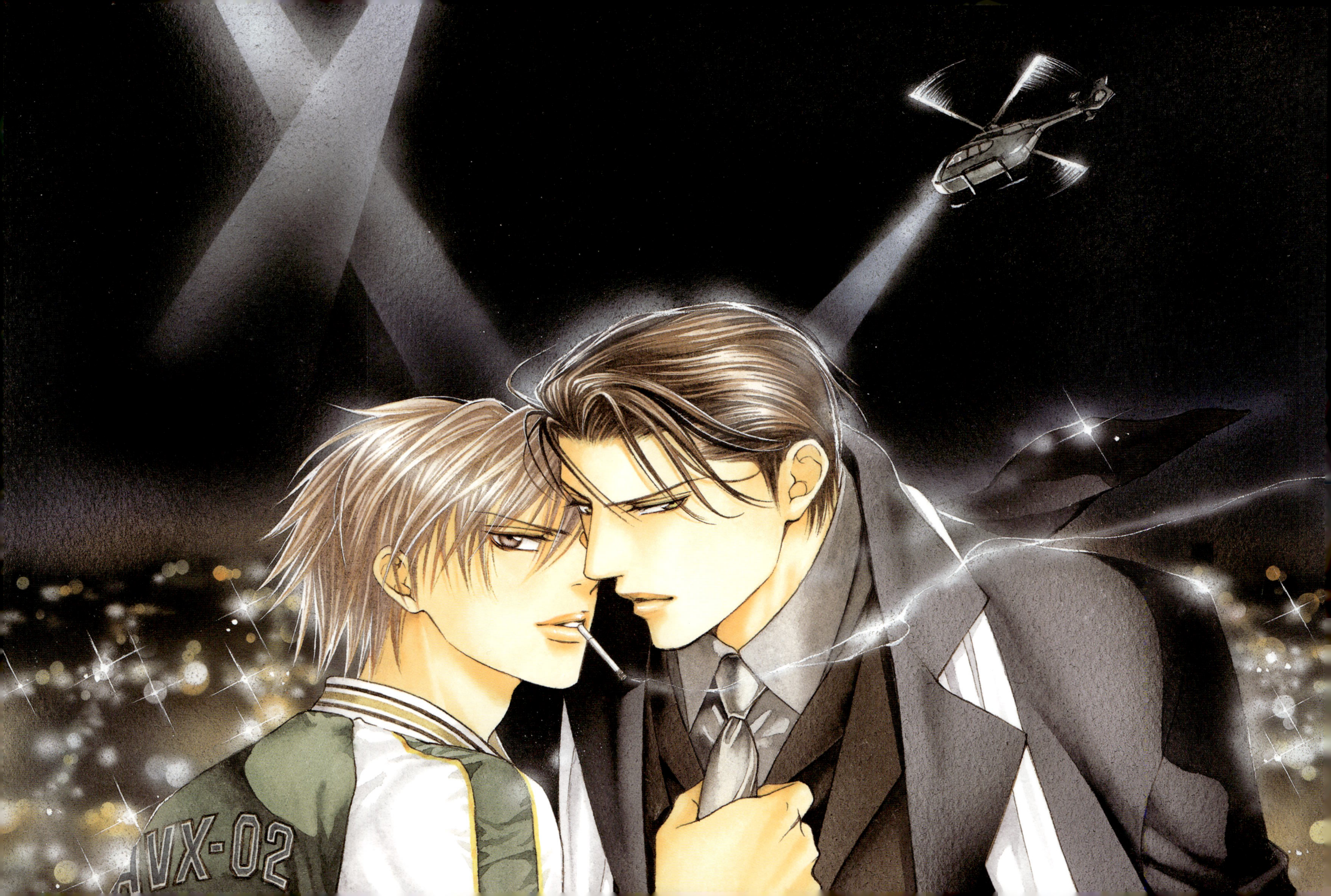
AVX-02

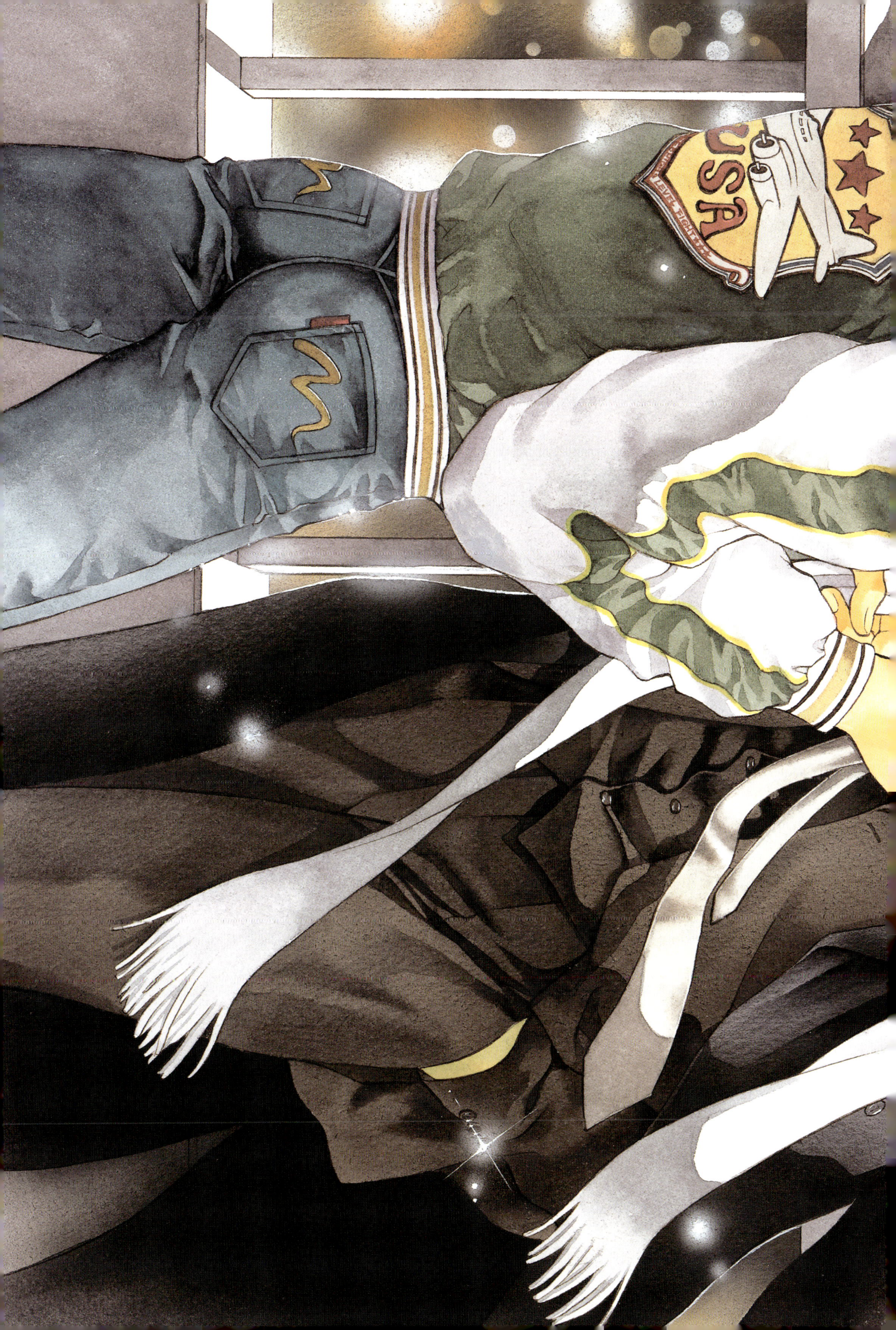
USA

Seite 18 - 19
BE · BOY GOLD
Februar-Ausgabe 2004, Magazin-Cover
November 2003, Farbtinte, Papier (*Watson*), 396 × 274 mm

BE · BOY GOLD
Februar-Ausgabe 2006, Magazin-Cover
Dezember 2005, Farbtinte, Papier (*Watson*), 396 × 249 mm

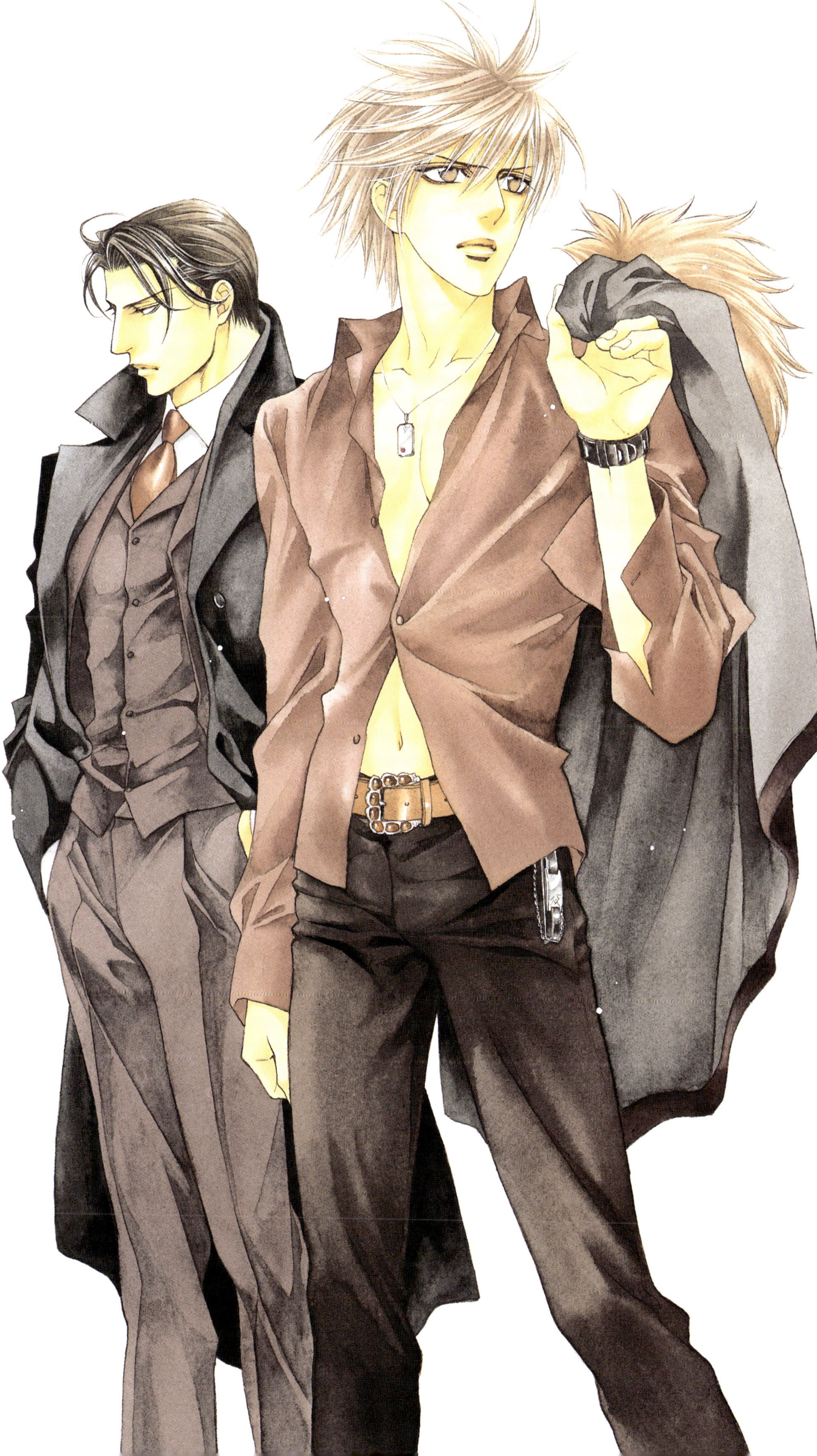

b-BOY Phoenix 4 Magazin-Cover
Dezember 2006, Farbtinte, Papier (*Watson*), 399 × 282 mm

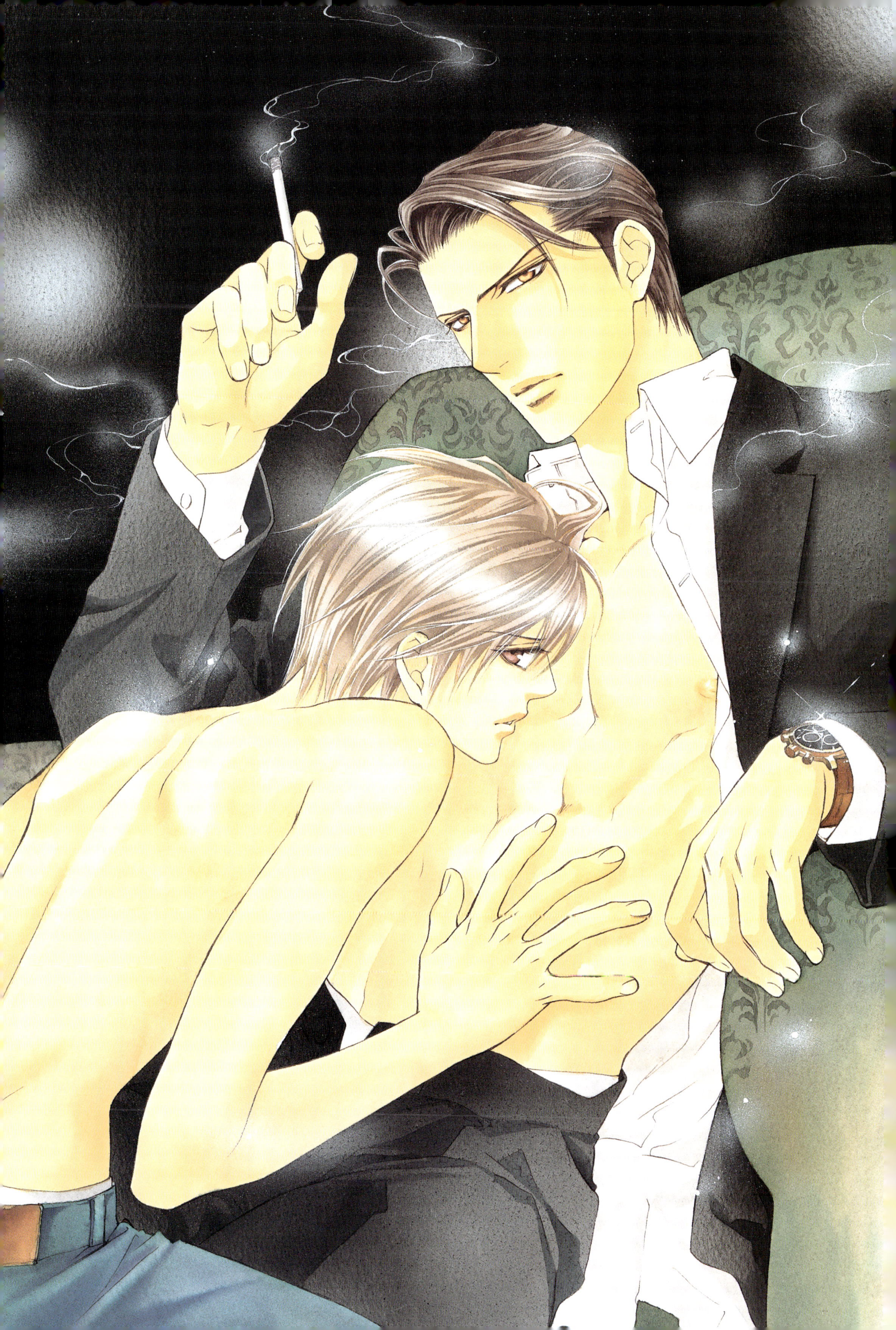

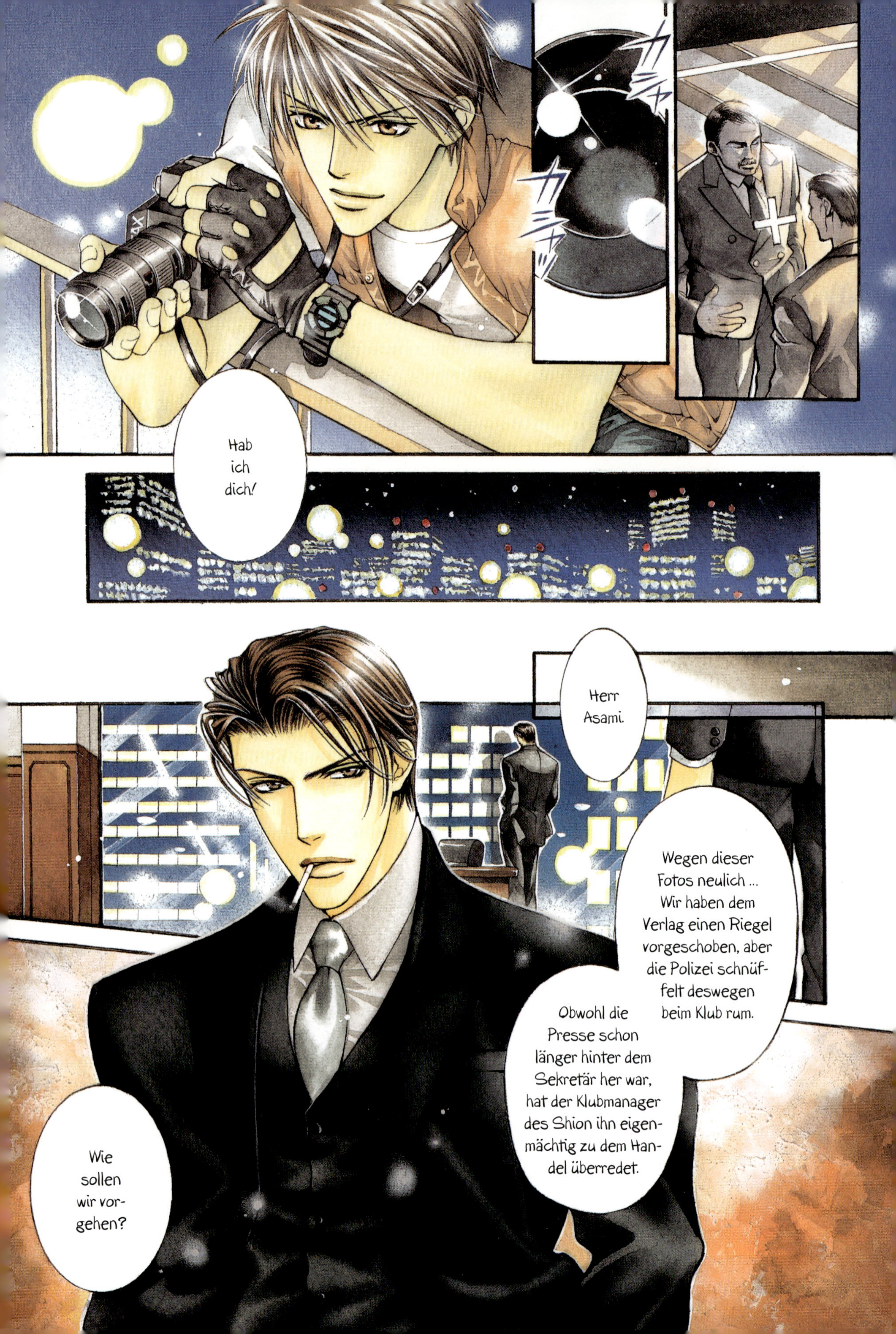
Hab ich dich!
Herr Asami.
Wegen dieser Fotos neulich ... Wir haben dem Verlag einen Riegel vorgeschoben, aber die Polizei schnüffelt deswegen beim Klub rum.
Obwohl die Presse schon länger hinter dem Sekretär her war, hat der Klubmanager des Shion ihn eigenmächtig zu dem Handel überredet.
Wie sollen wir vorgehen?

Finder – Im Fadenkreuz-Intro
März 2001, Farbtinte, Papier (*Watson*), 394 × 278 mm

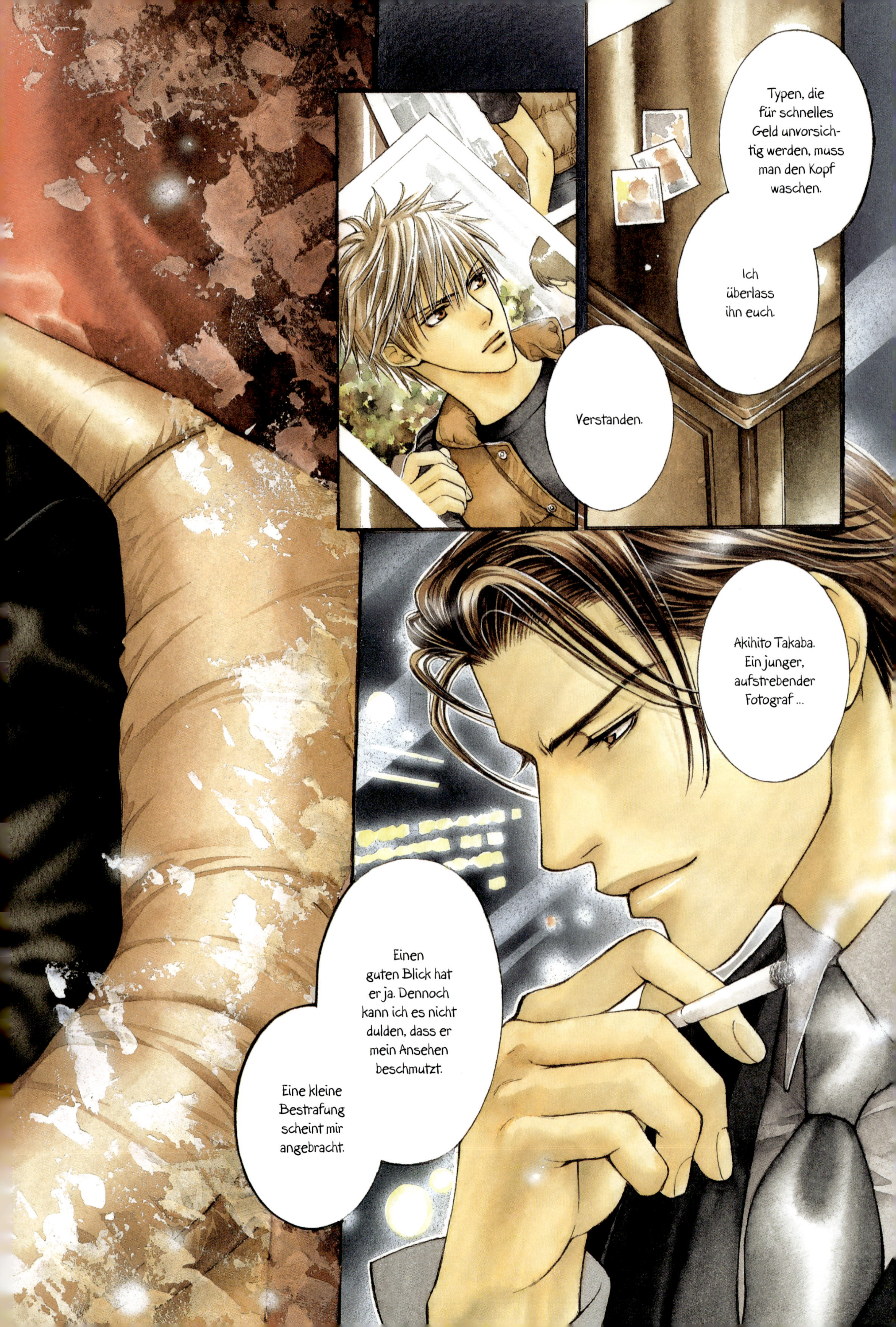
Typen, die für schnelles Geld unvorsichtig werden, muss man den Kopf waschen.
Ich überlass ihn euch.
Verstanden.
Akihito Takaba. Ein junger, aufstrebender Fotograf ...
Einen guten Blick hat er ja. Dennoch kann ich es nicht dulden, dass er mein Ansehen beschmutzt.
Eine kleine Bestrafung scheint mir angebracht.

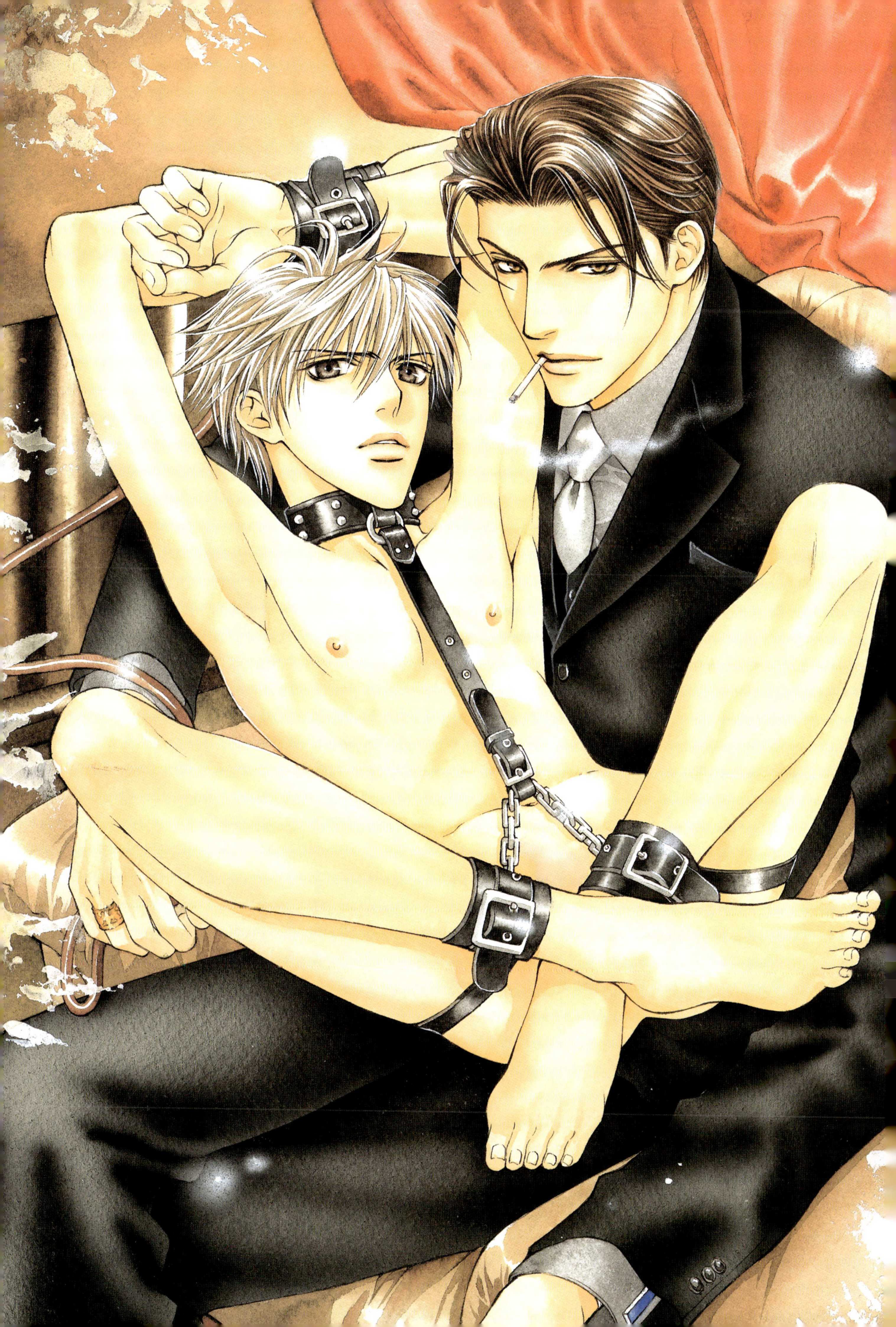

Seite 26 - 27

Finder – Im Fadenkreuz-Intro

März 2001, Farbtinte, Modellierpaste, Papier (*Watson*), 395 × 515 mm

Finder – Naked Truth-Farbillustration

August 2004, Farbtinte, Papier (*Manuskriptpapier*), 365 × 257 mm

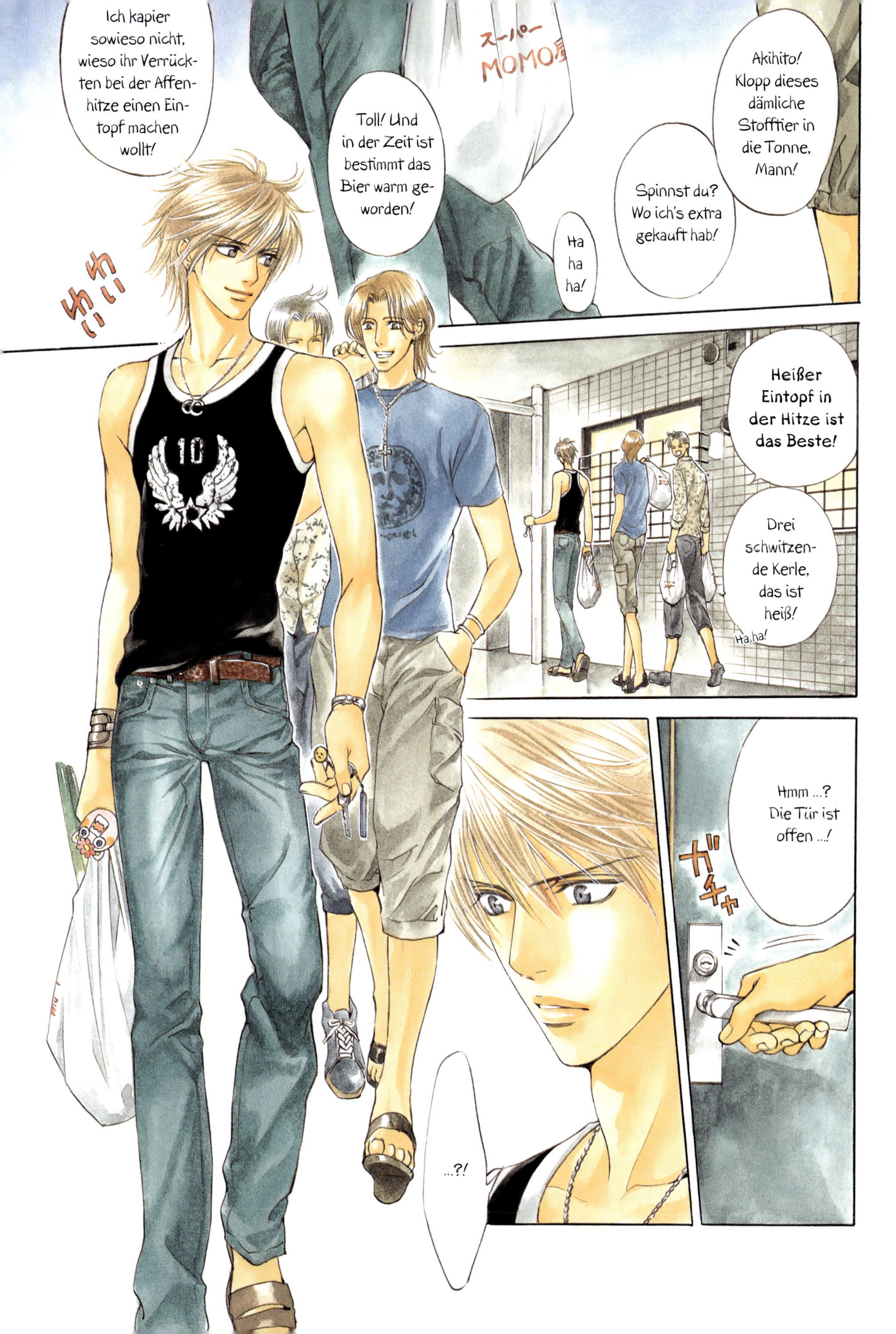
Akihito! Klopp dieses dämliche Stofftier in die Tonne, Mann!
Spinnst du? Wo ich's extra gekauft hab!
Ha ha ha!
Toll! Und in der Zeit ist bestimmt das Bier warm geworden!
Ich kapier sowieso nicht, wieso ihr Verrückten bei der Affenhitze einen Eintopf machen wollt!
Heißer Eintopf in der Hitze ist das Beste!
Drei schwitzende Kerle, das ist heiß!
Ha, ha!
Hmm ...? Die Tür ist offen ...!
...?!

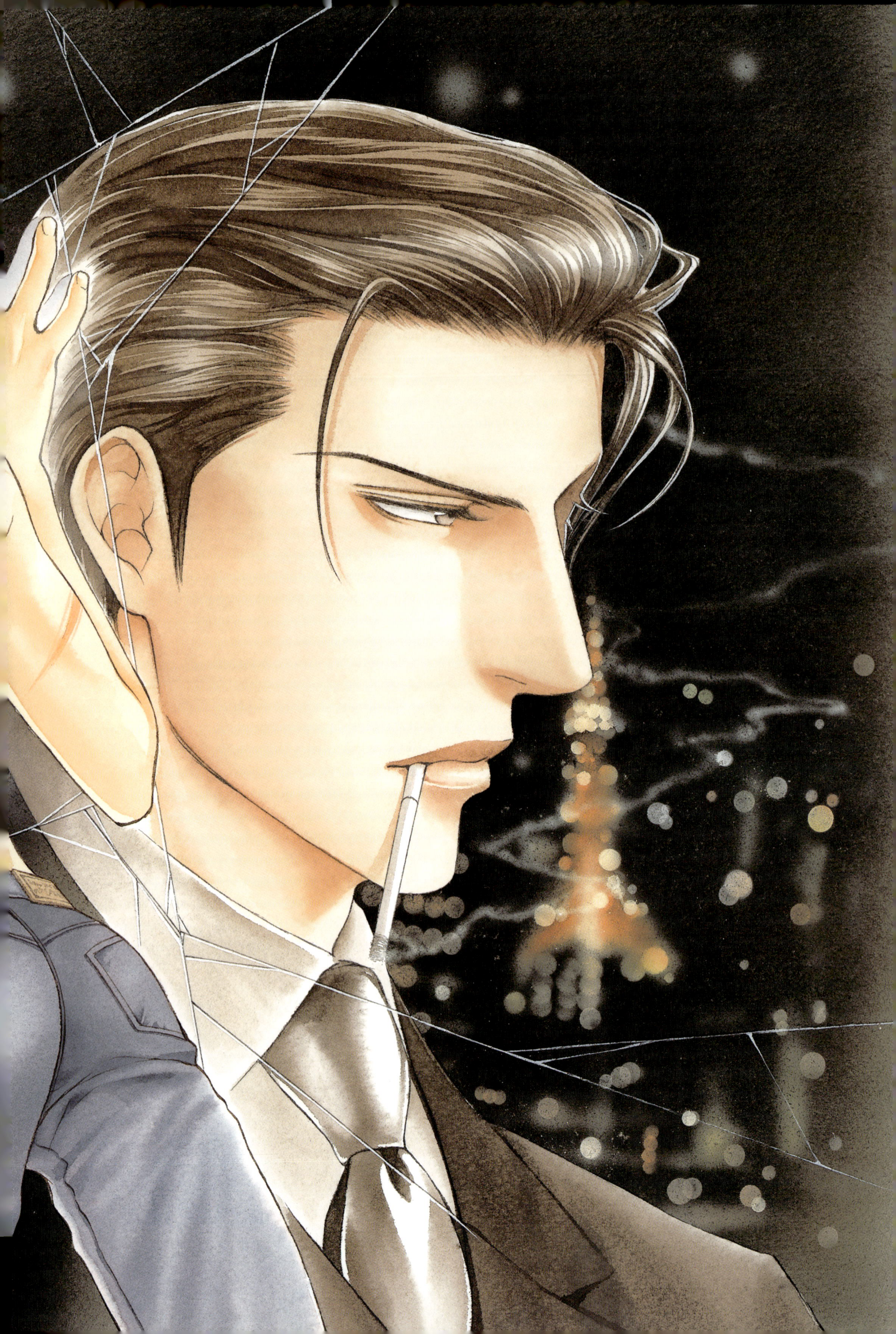

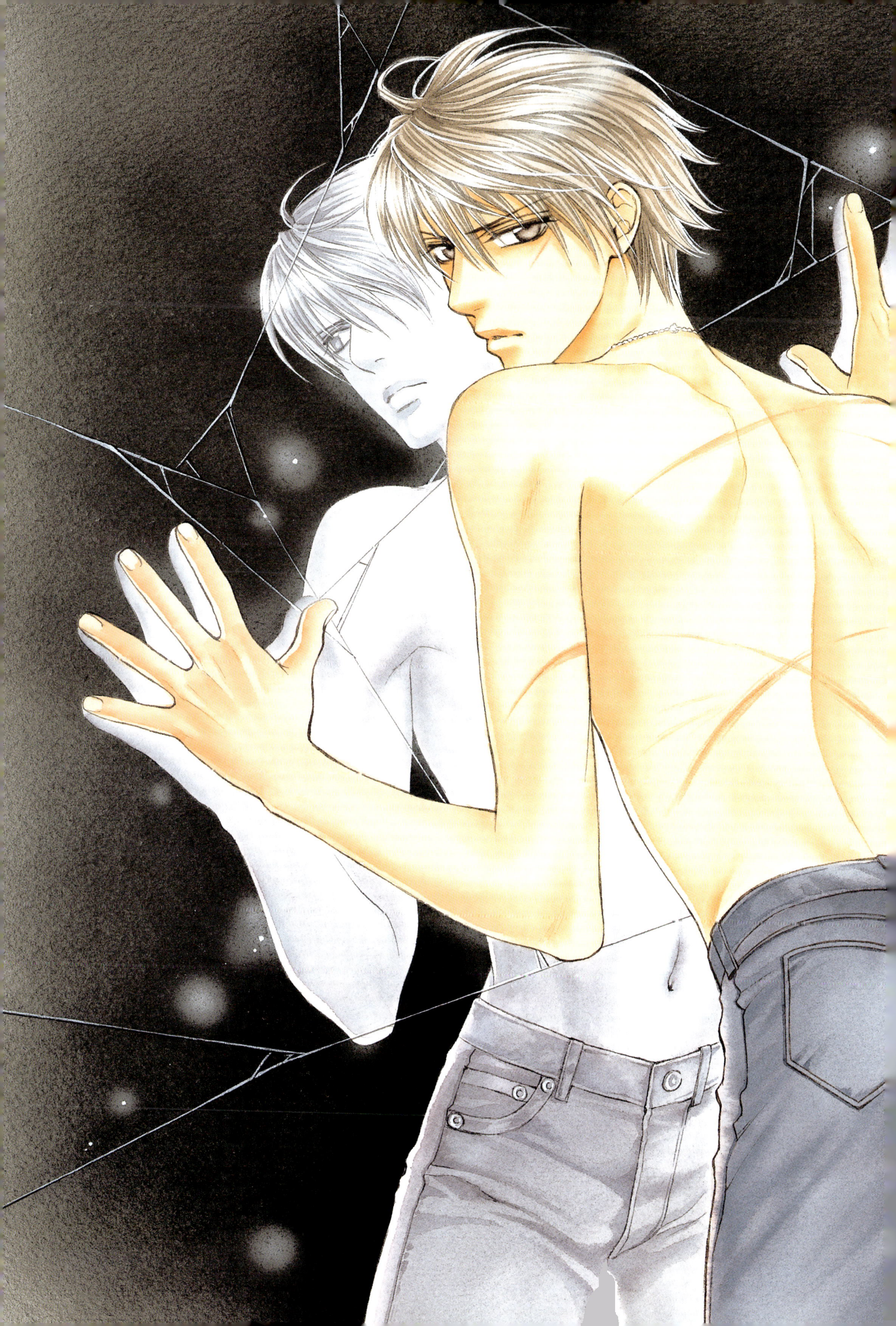

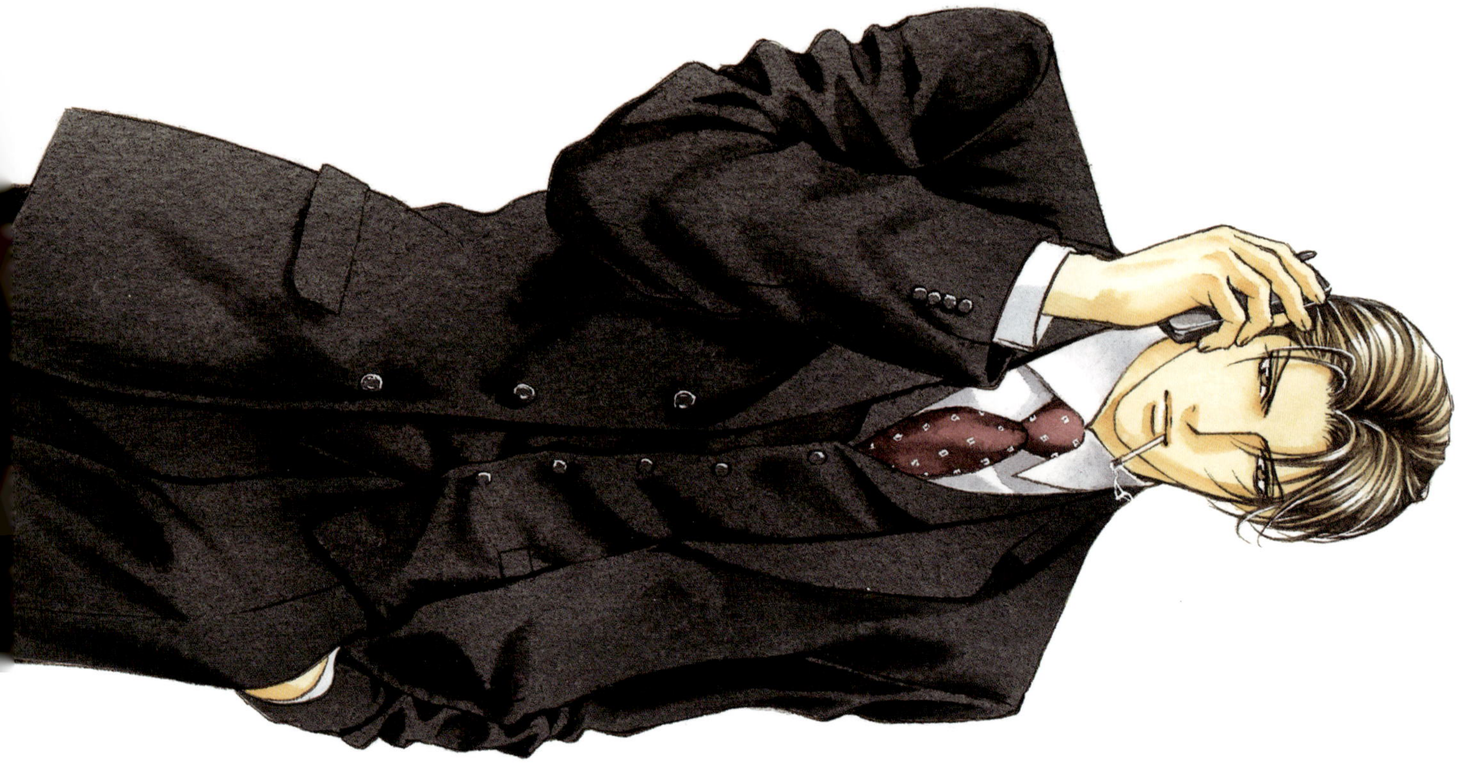

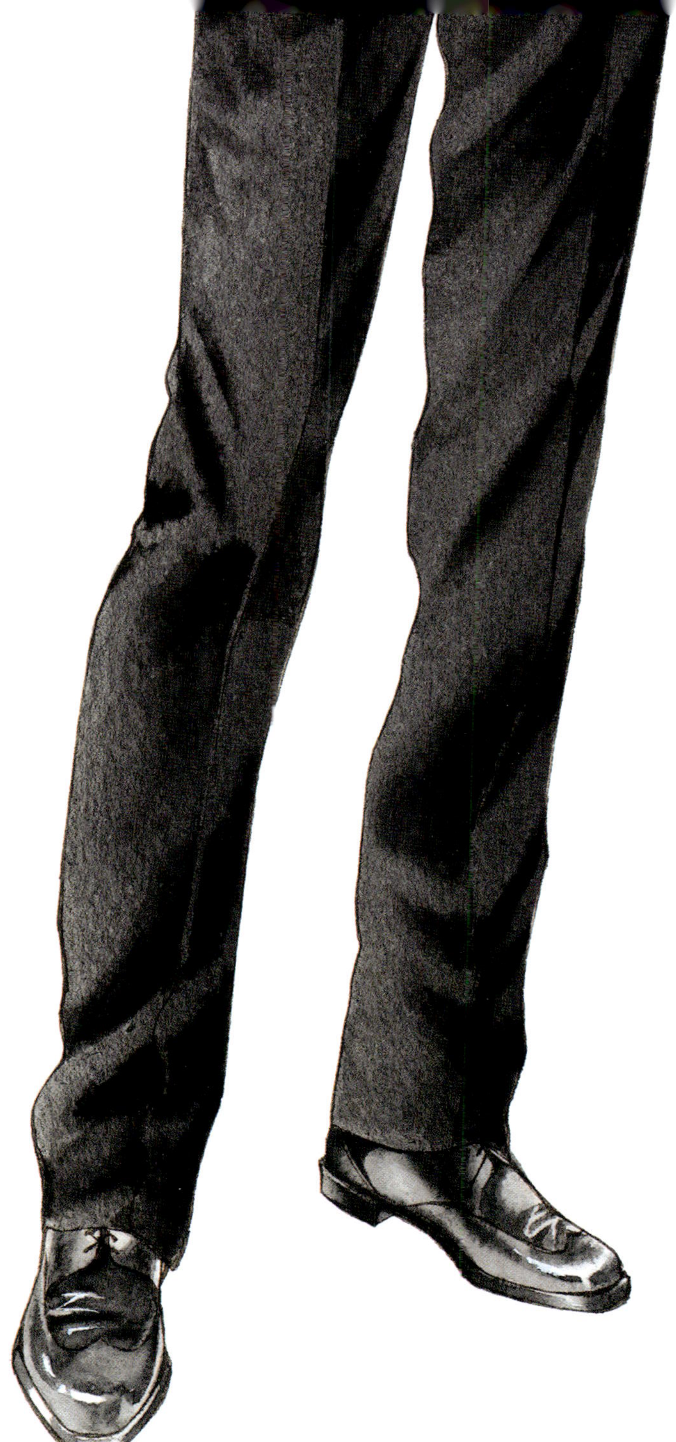

Seite 30-31
Naked Truth-Kapitel-Cover
Juli 2004, Farbtinte, Papier (*Watson*), 309 × 398 mm

BE · BOY GOLD
Juni-Ausgabe 2003, Magazin-Cover
März 2003, Farbtinte, Papier (*Watson*), 396 × 247 mm

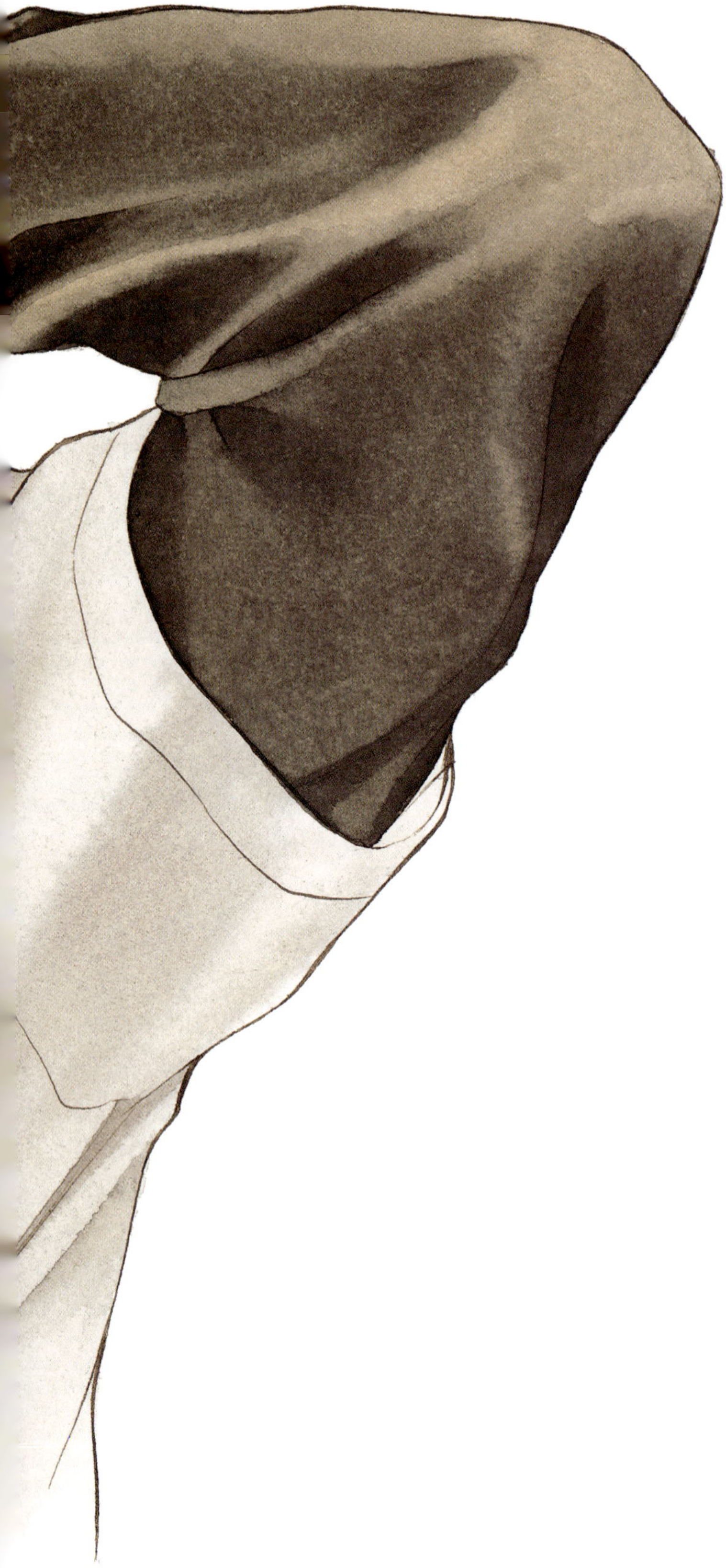

BE · BOY GOLD
Juni-Ausgabe 2003, Cover-Illustration
März 2003, Farbtinte, Papier (*Watson*), 270 × 375 mm

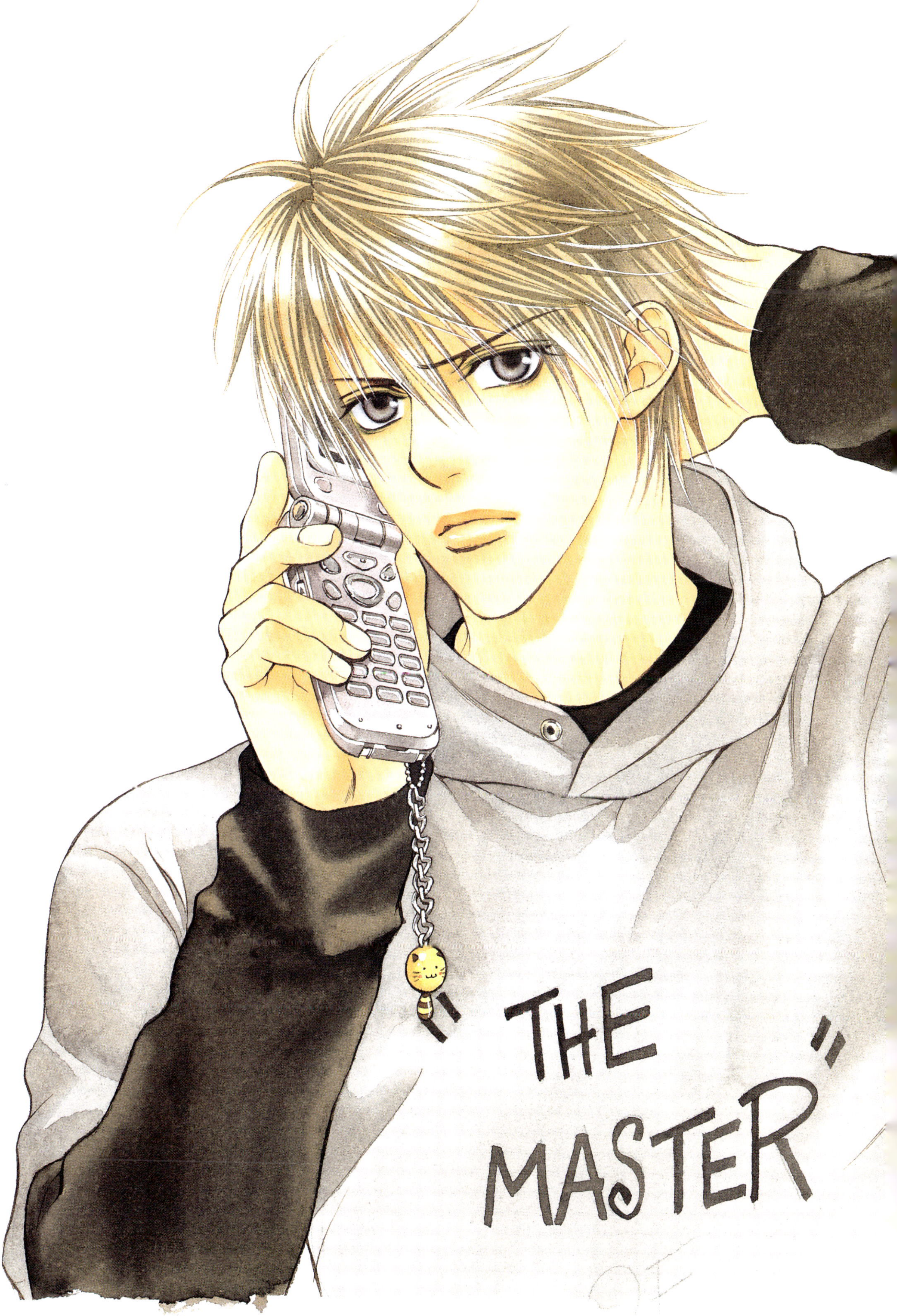
"THE MASTER"

Die Blume im Großstadtmoloch-Kapitel-Cover
Februar 2003, Farbtinte, Papier (*Watson*), 399 × 276 mm

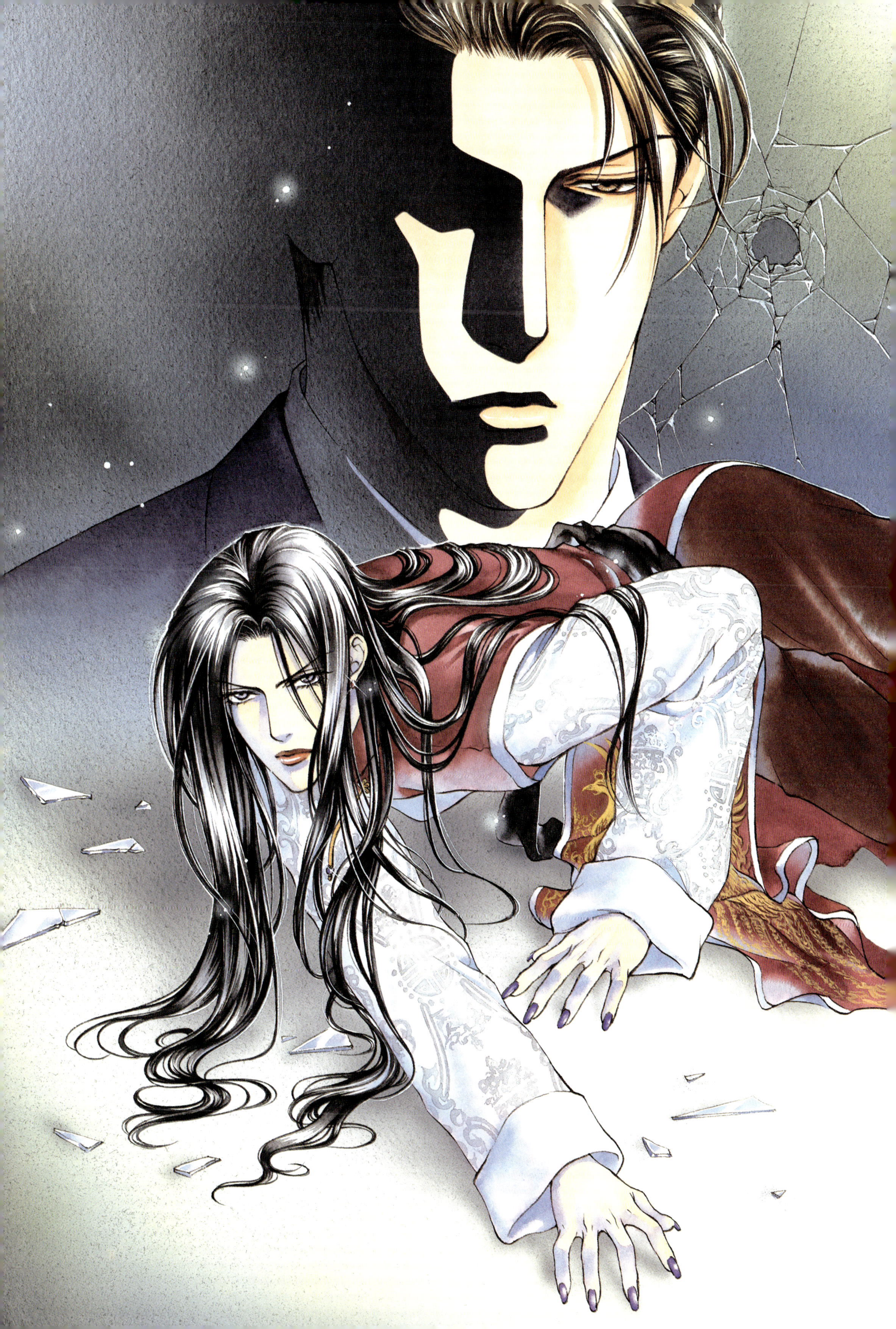

BE · BOY GOLD
April-Ausgabe 2003, Magazin-Cover
Januar 2003, Farbtinte, Papier (*Watson*), 400 × 279 mm

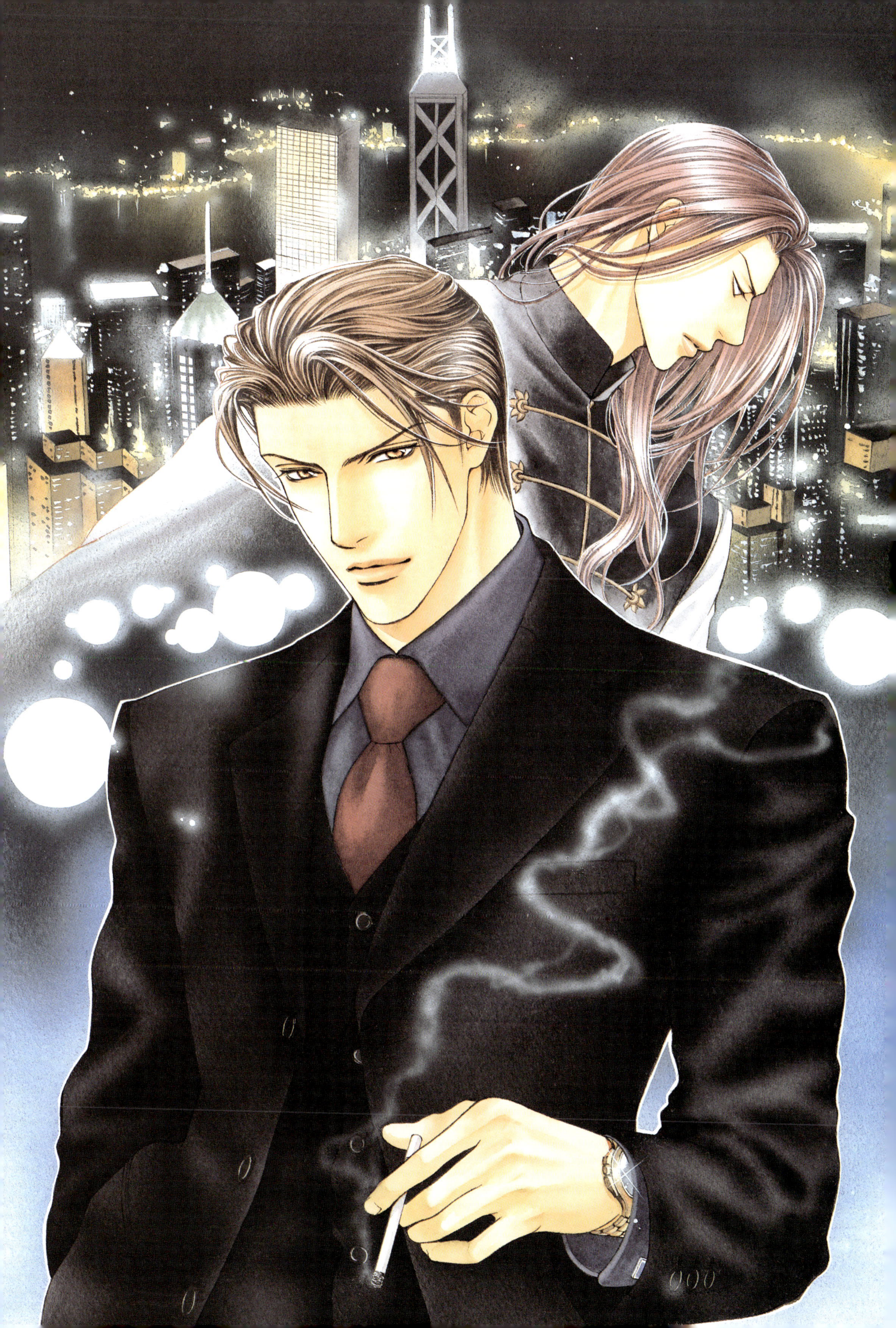

MAGAZINE ZERO Nr. 48
Herbst-Sonderausgabe 2005: Kalender-Illustration
Oktober 2005, Farbtinte, Papier (*Watson*), 394 × 265 mm

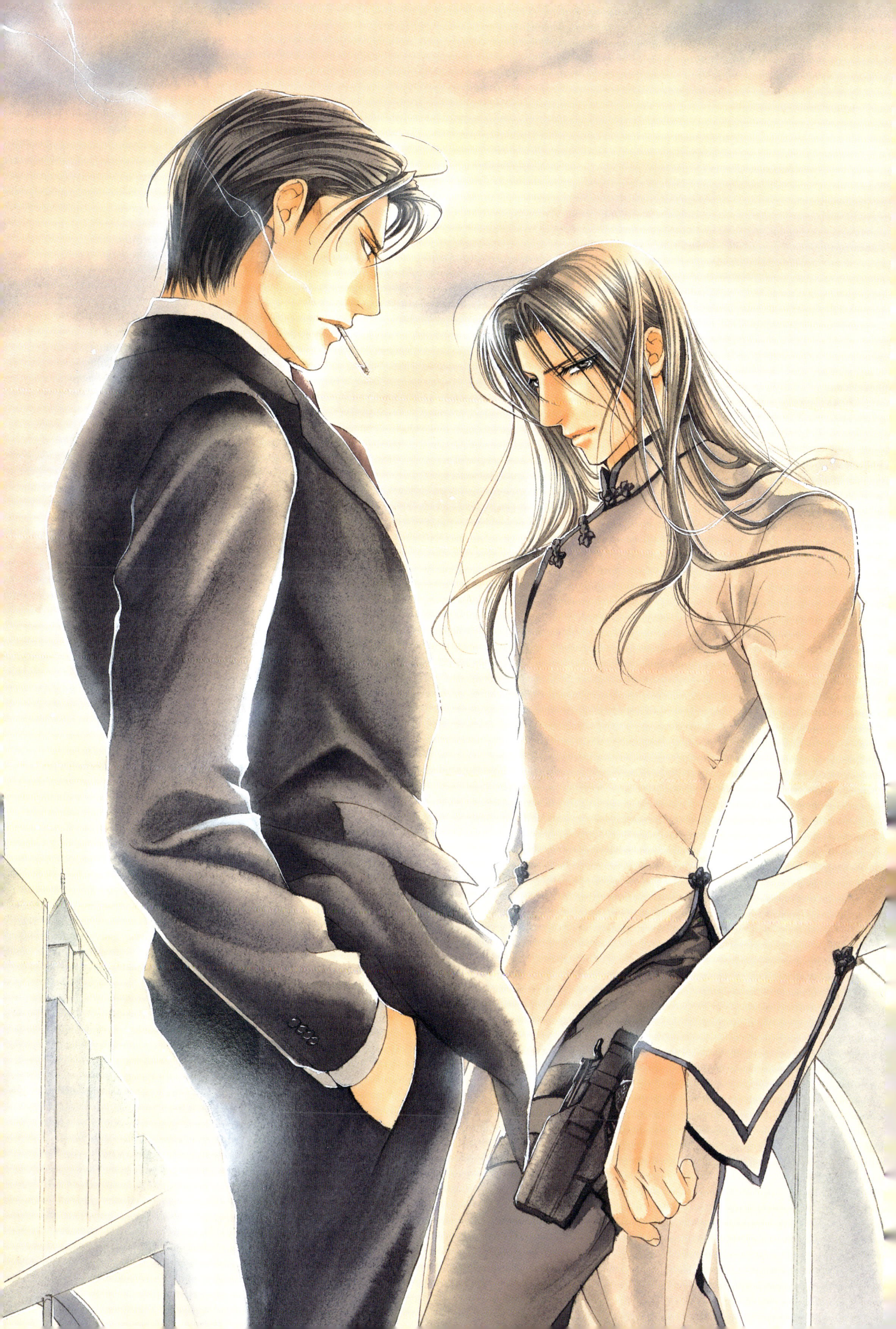

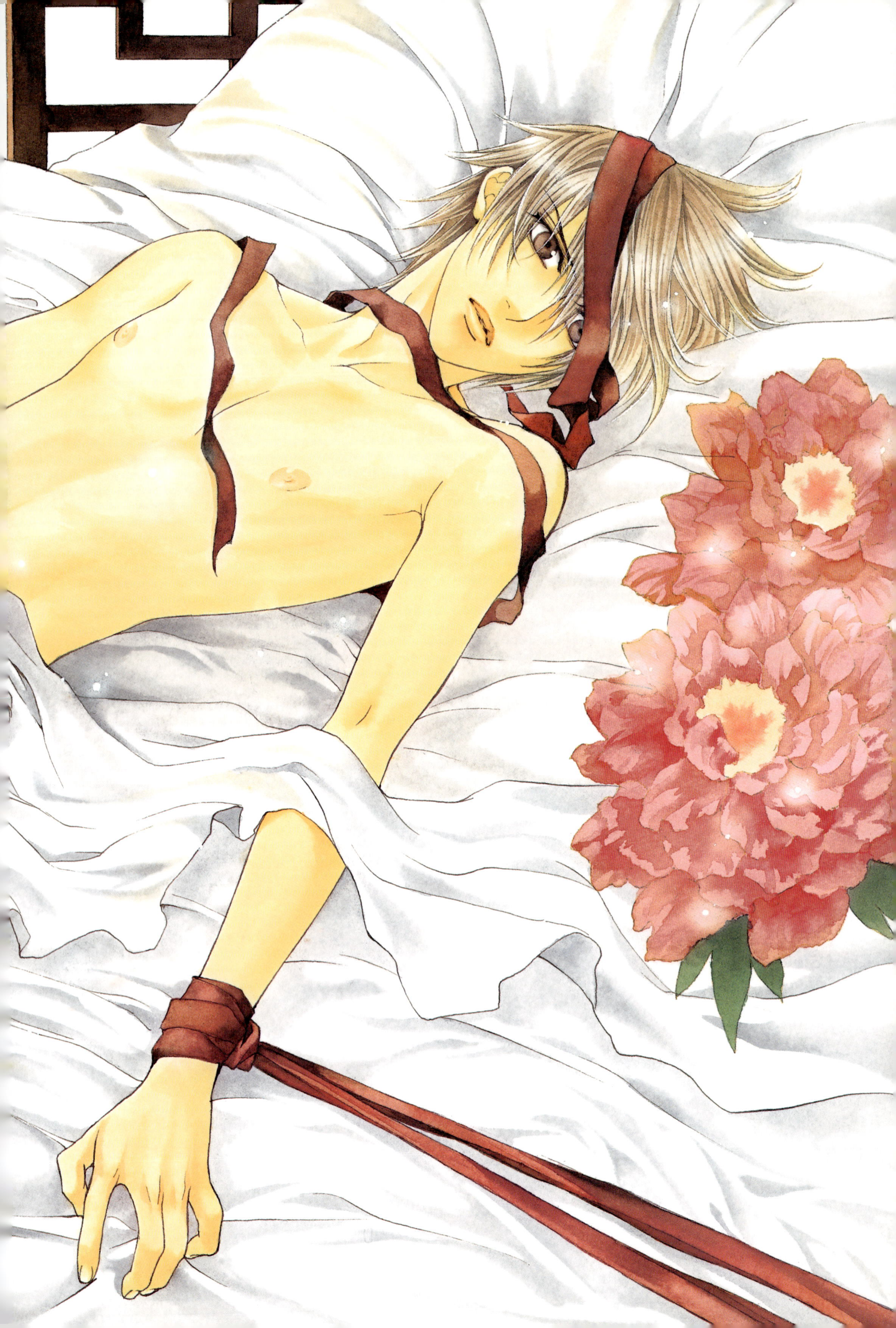

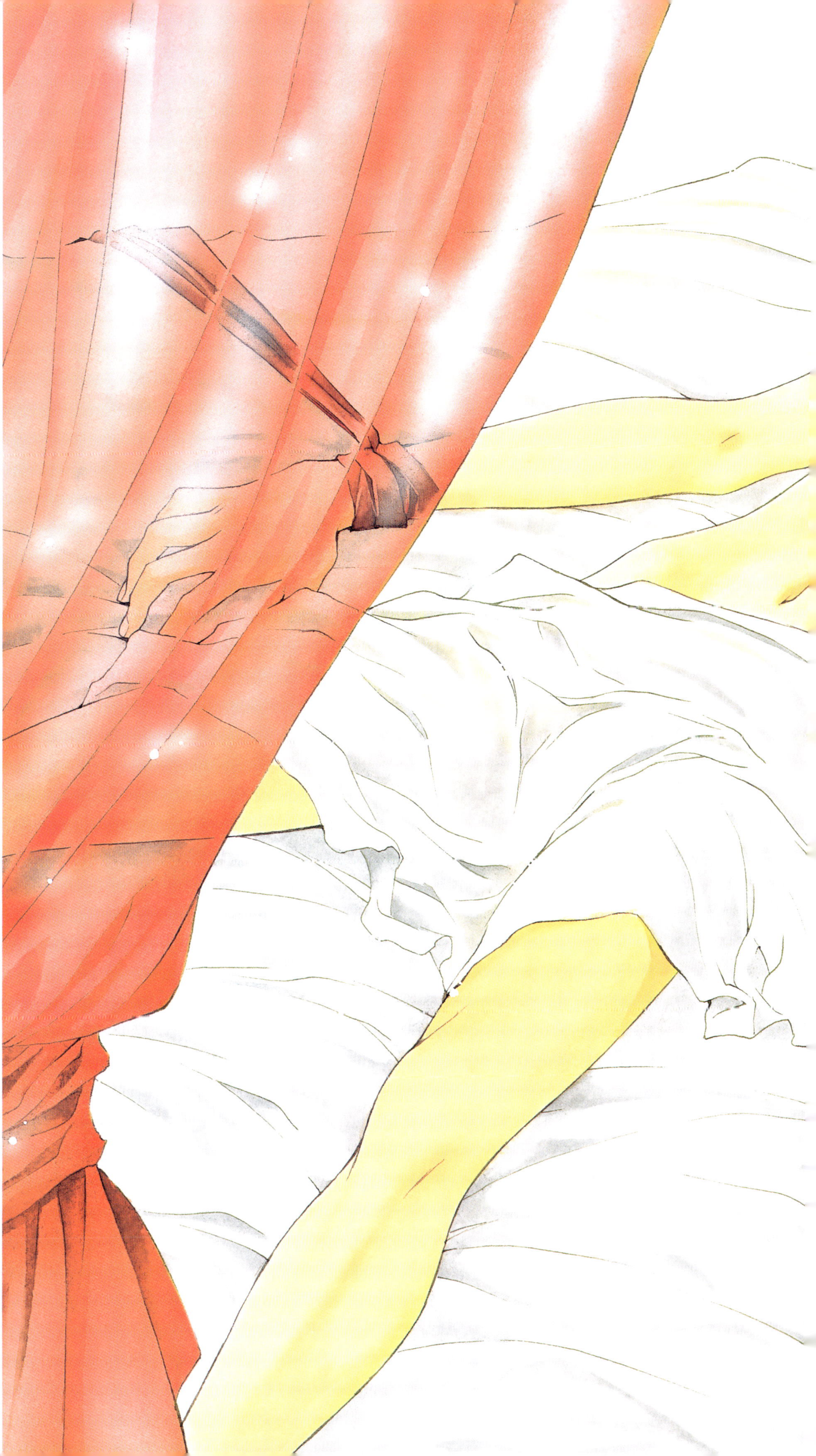

Seite 42 - 43

BE · BOY GOLD

Februar-Ausgabe 2006, Pin-up

Dezember 2005, Farbtinte, Papier (*Watson*), 309 × 396 mm

BE · BOY GOLD

Oktober-Ausgabe 2004, Magazin-Cover

Juni 2004, Farbtinte, Papier (*Watson*), 399 × 278 mm

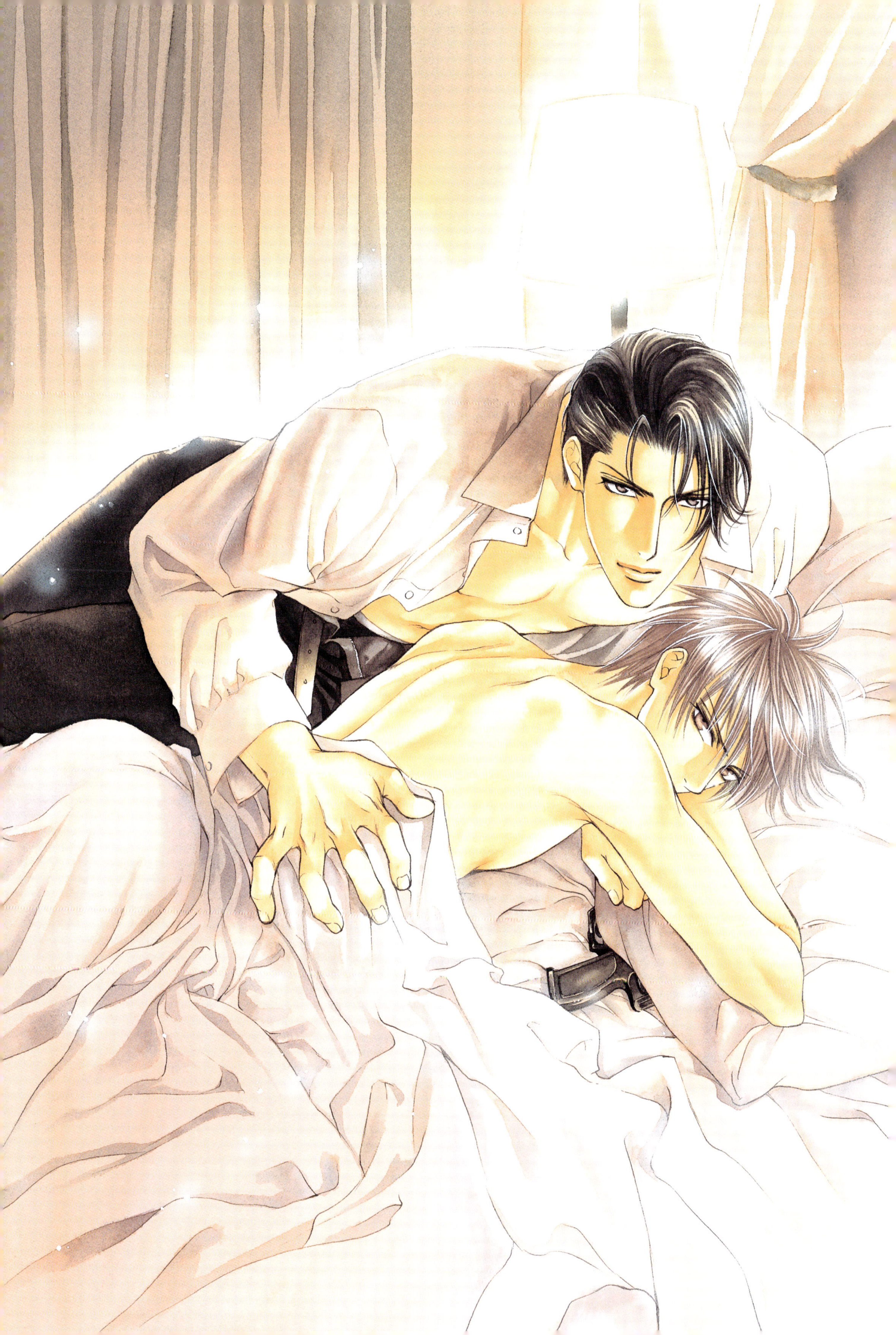

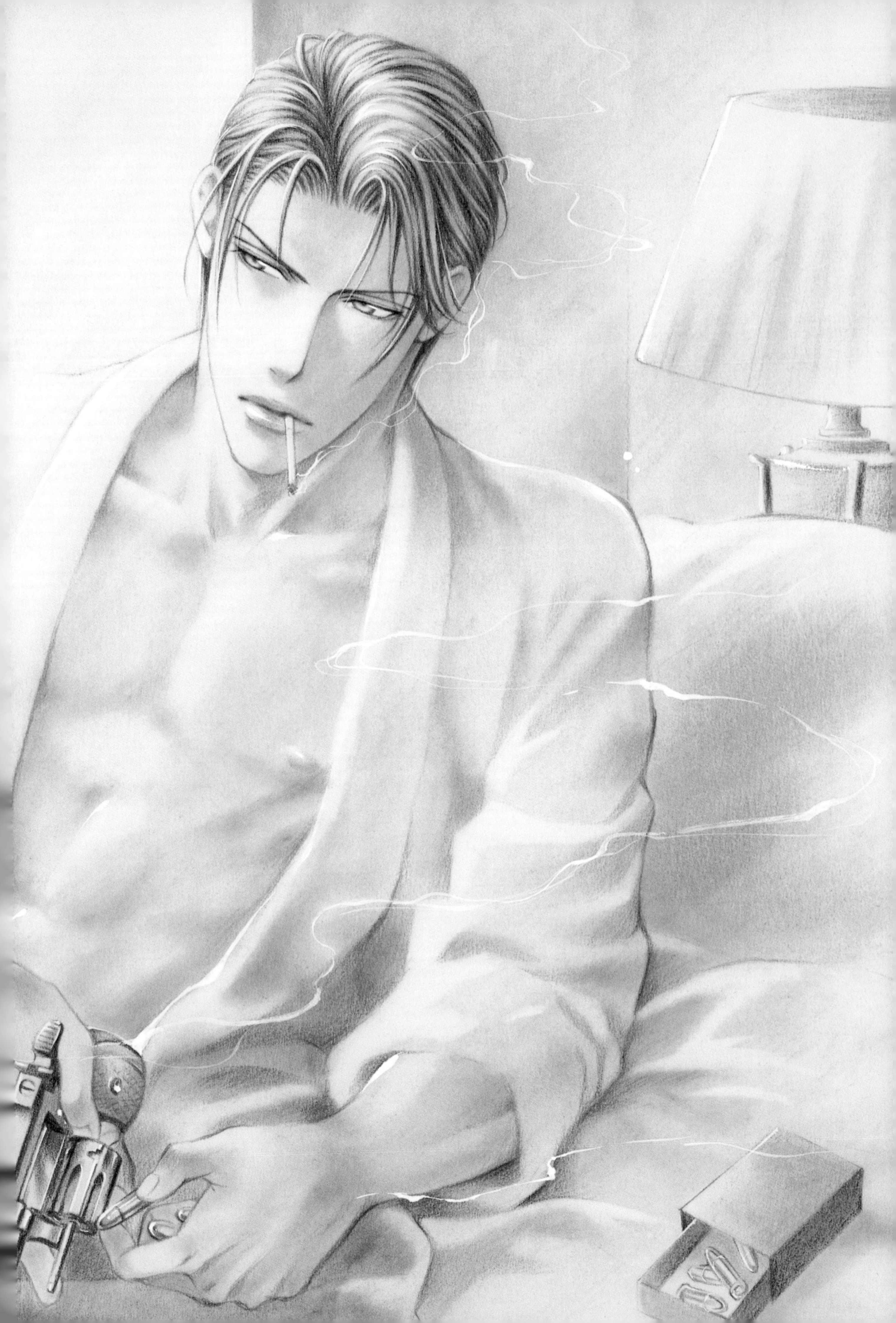

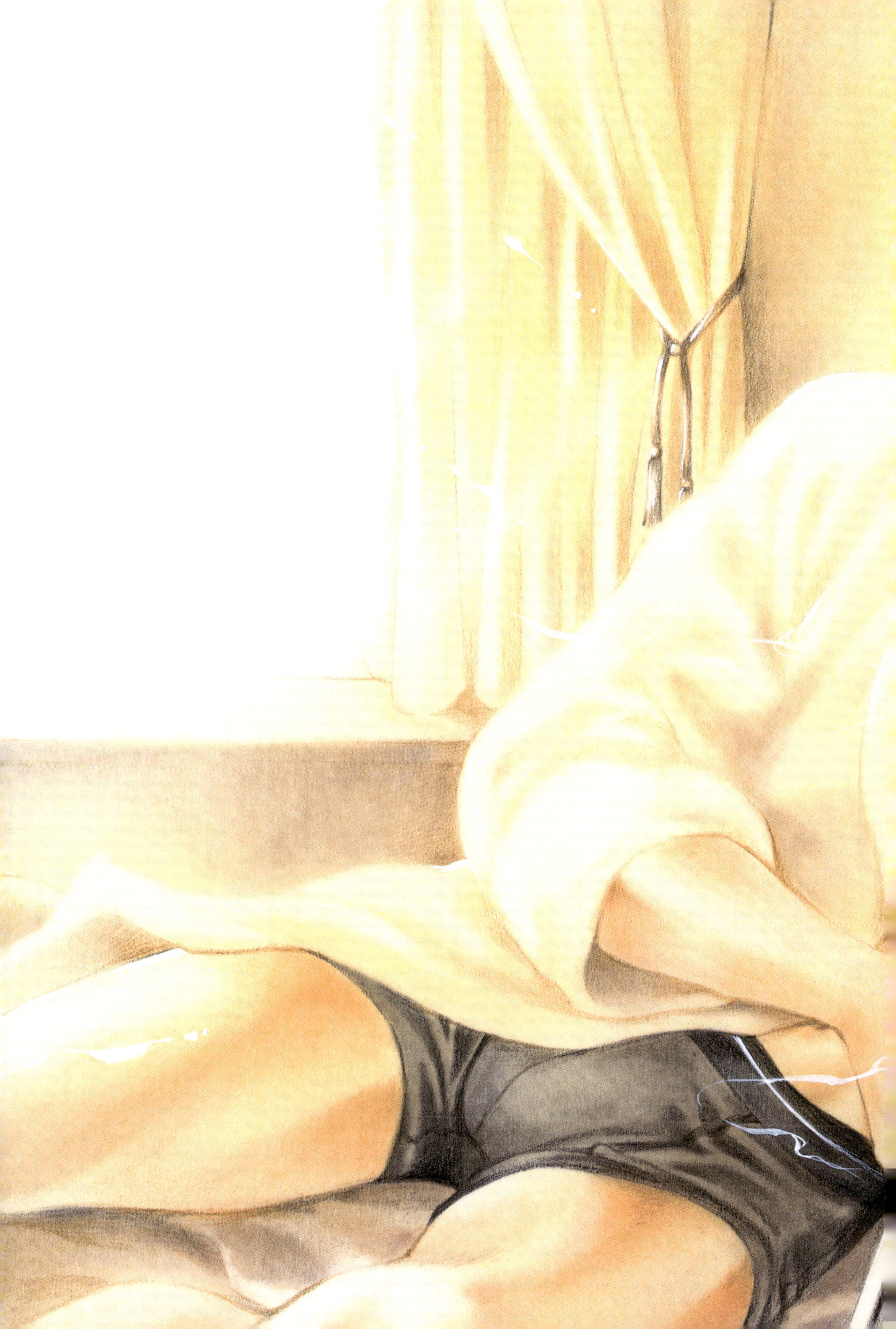

Seite 46 - 47
BE · BOY GOLD
April-Ausgabe 2003, Kalender-Illustration
Januar 2003, Buntstift, Pastellfarbe, Papier (*Zeichenbrett*), 257 × 364 mm

BE · BOY GOLD
April-Ausgabe 2007, Magazin-Cover
Januar 2007, Farbtinte, Papier (*Watson*), 394 × 277 mm

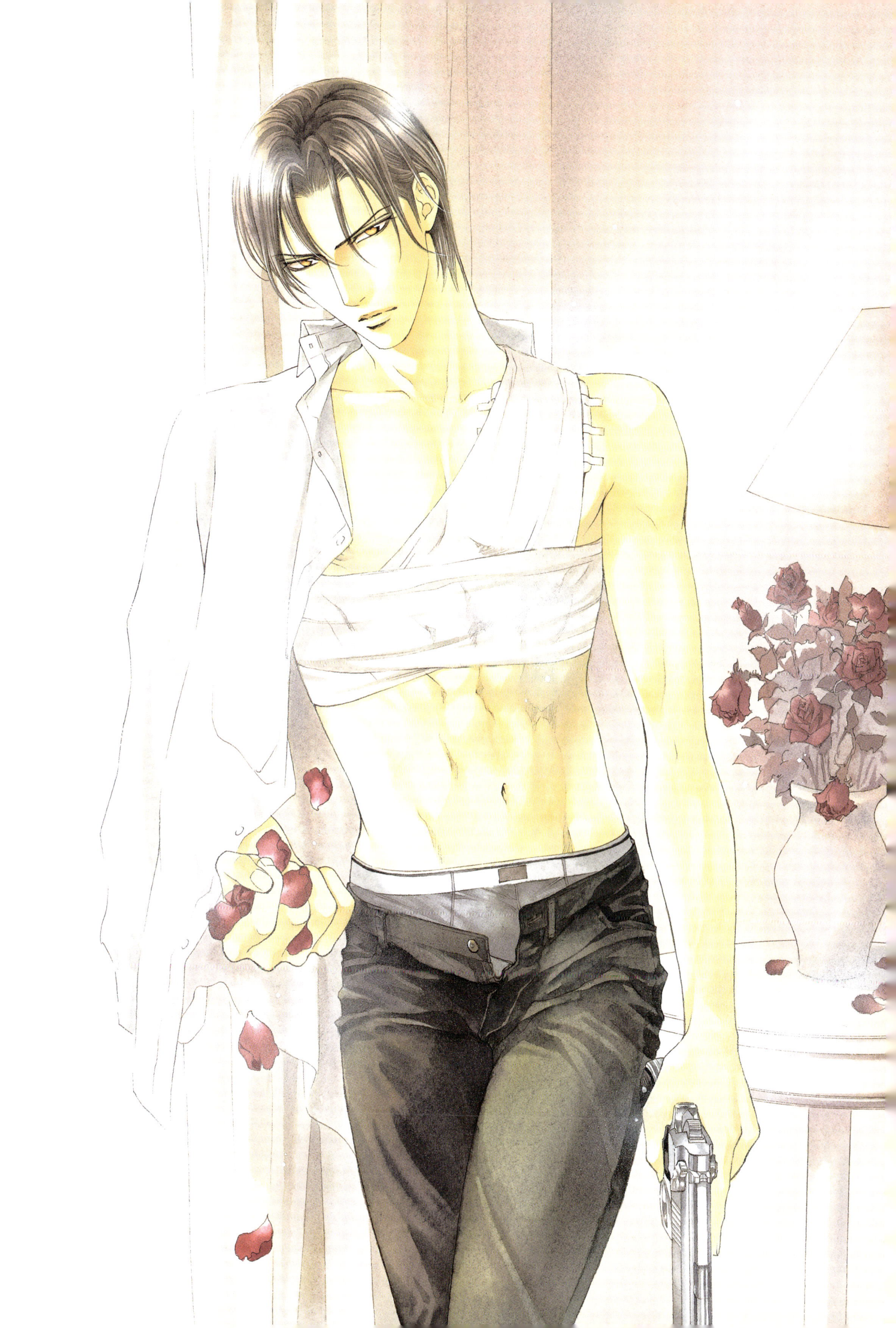

Naked Truth-Kapitel-Cover
April 2006, Farbtinte, Papier (*Watson*), 395 × 290 mm

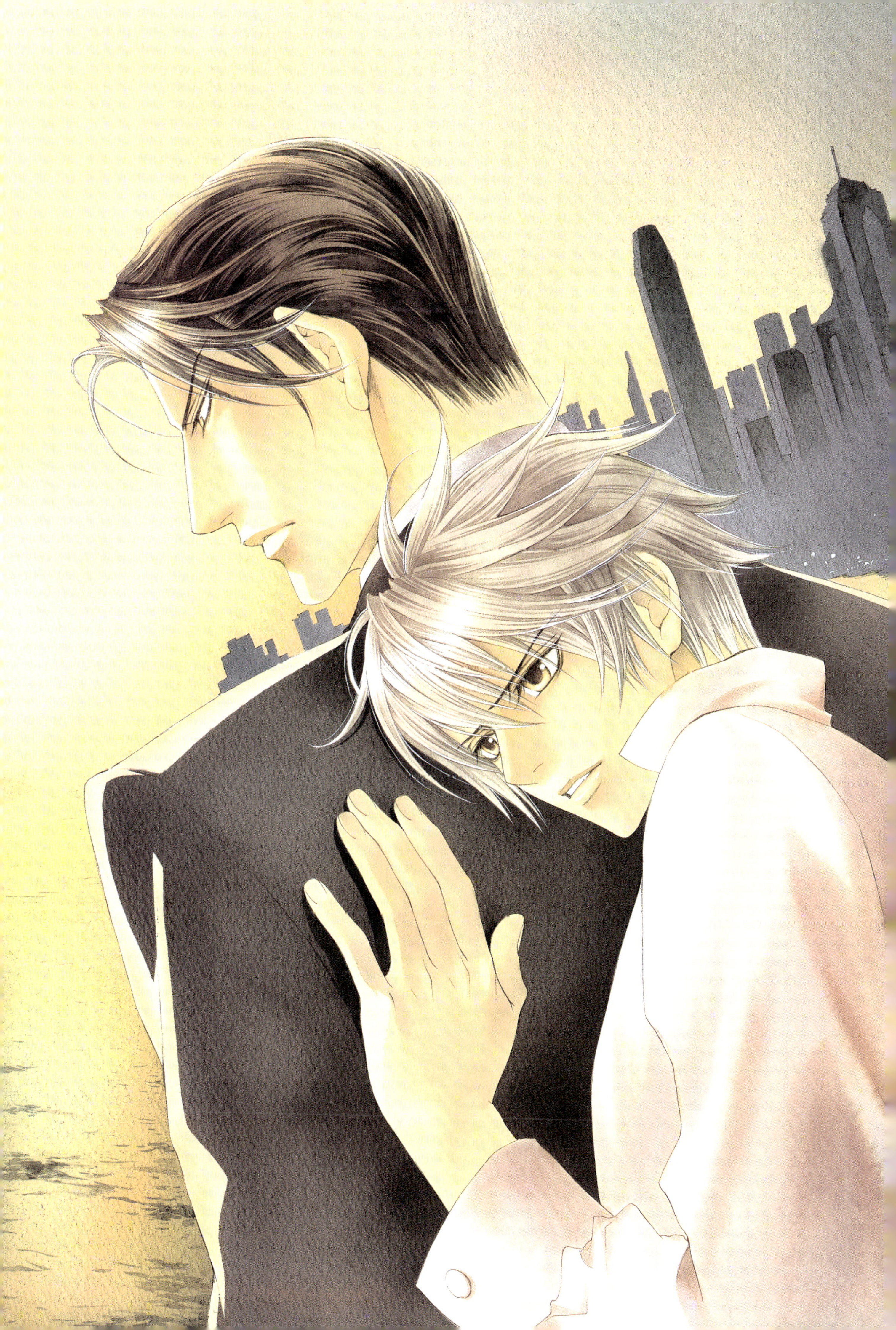

BE · BOY GOLD
Oktober-Ausgabe 2007, Magazin-Cover
Juli 2007, Farbtinte, Papier (*Watson*), 395 × 257 mm

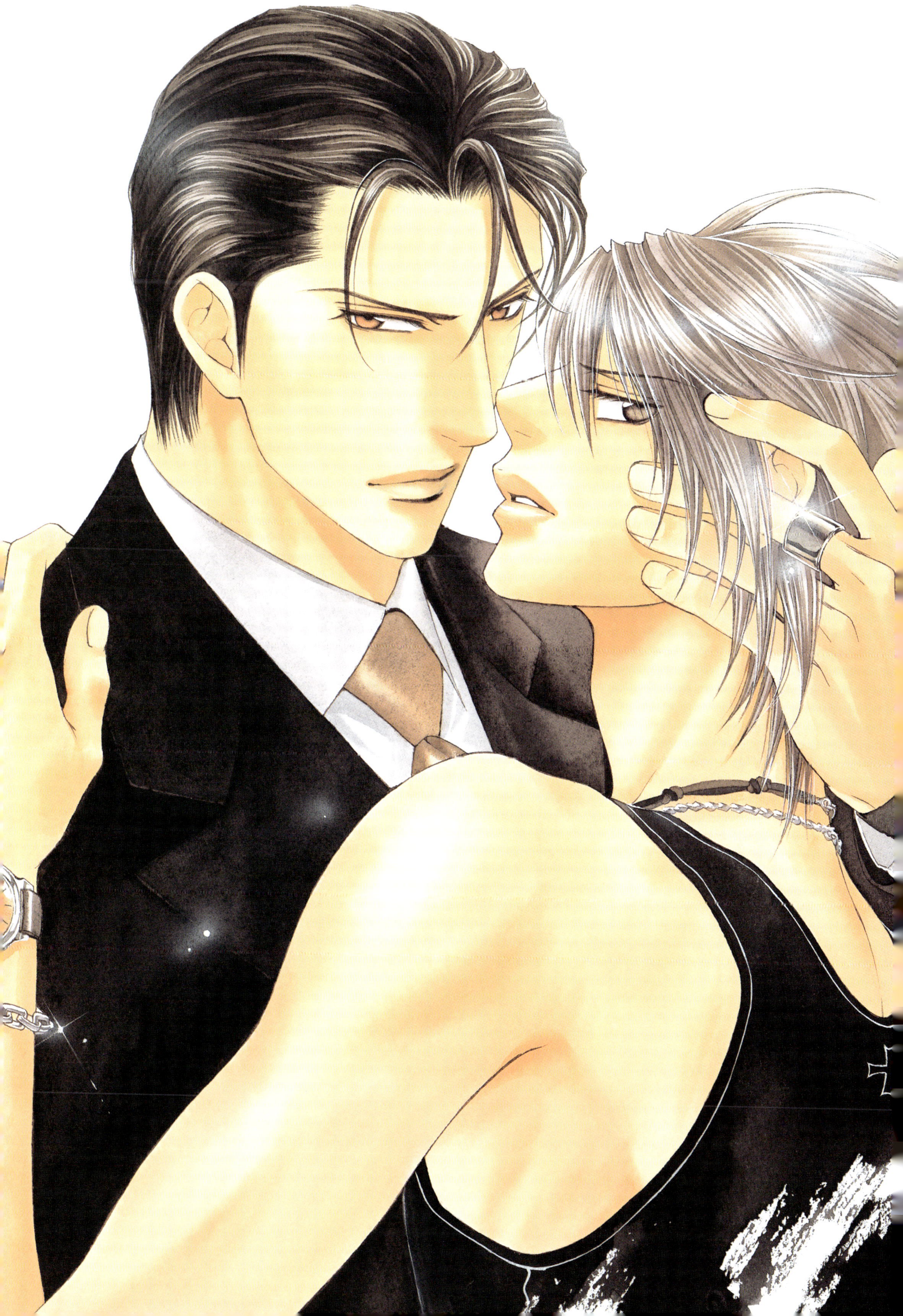

BE · BOY GOLD
Juni-Ausgabe 2005, Magazin-Cover
März 2005, Farbtinte, Papier (*Watson*), 391 × 300 mm

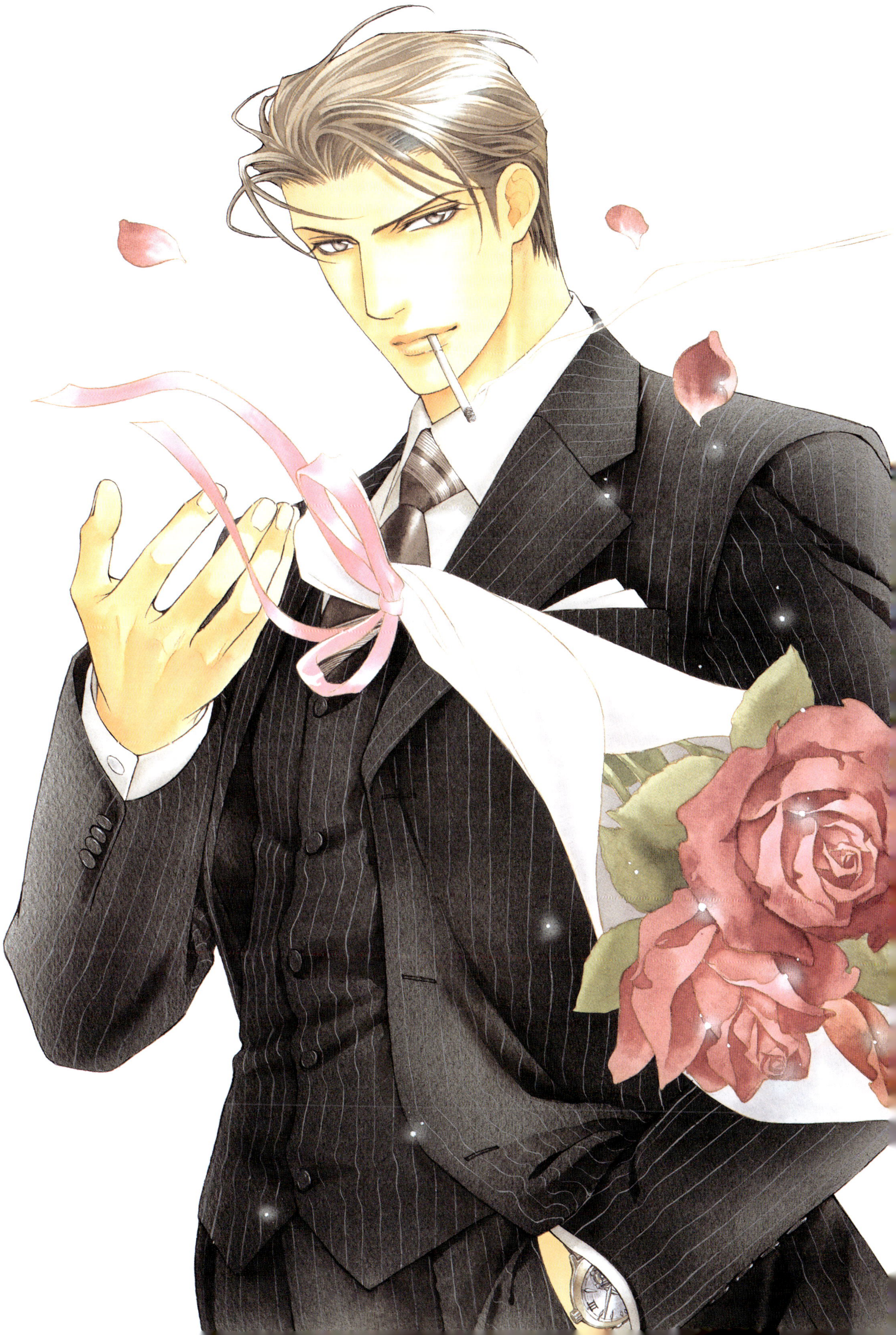

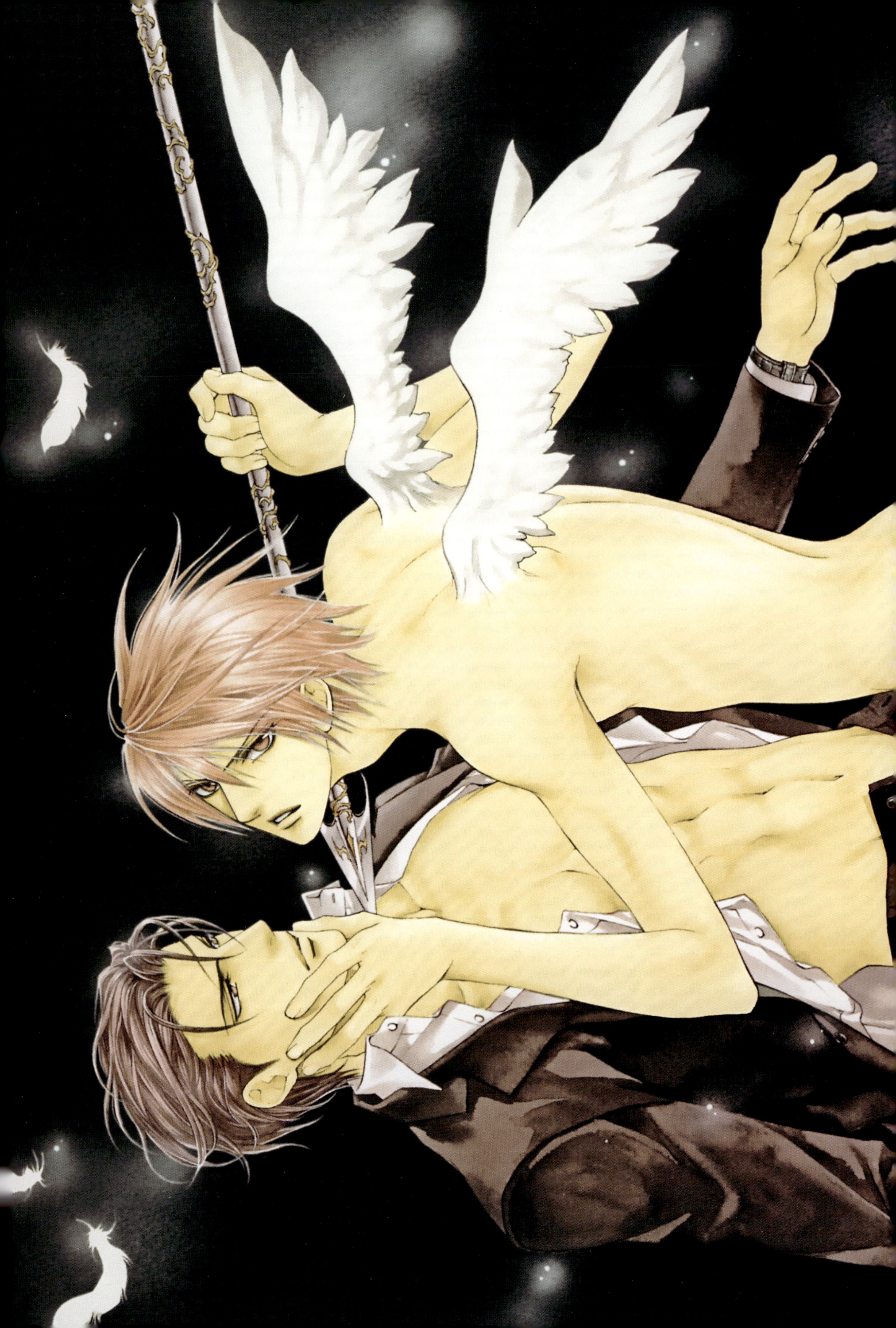

Finder Character Book
Cover-Illustration
Oktober 2007, Farbtinte, Airbrush, Papier (*Watson*), 442 × 792 mm

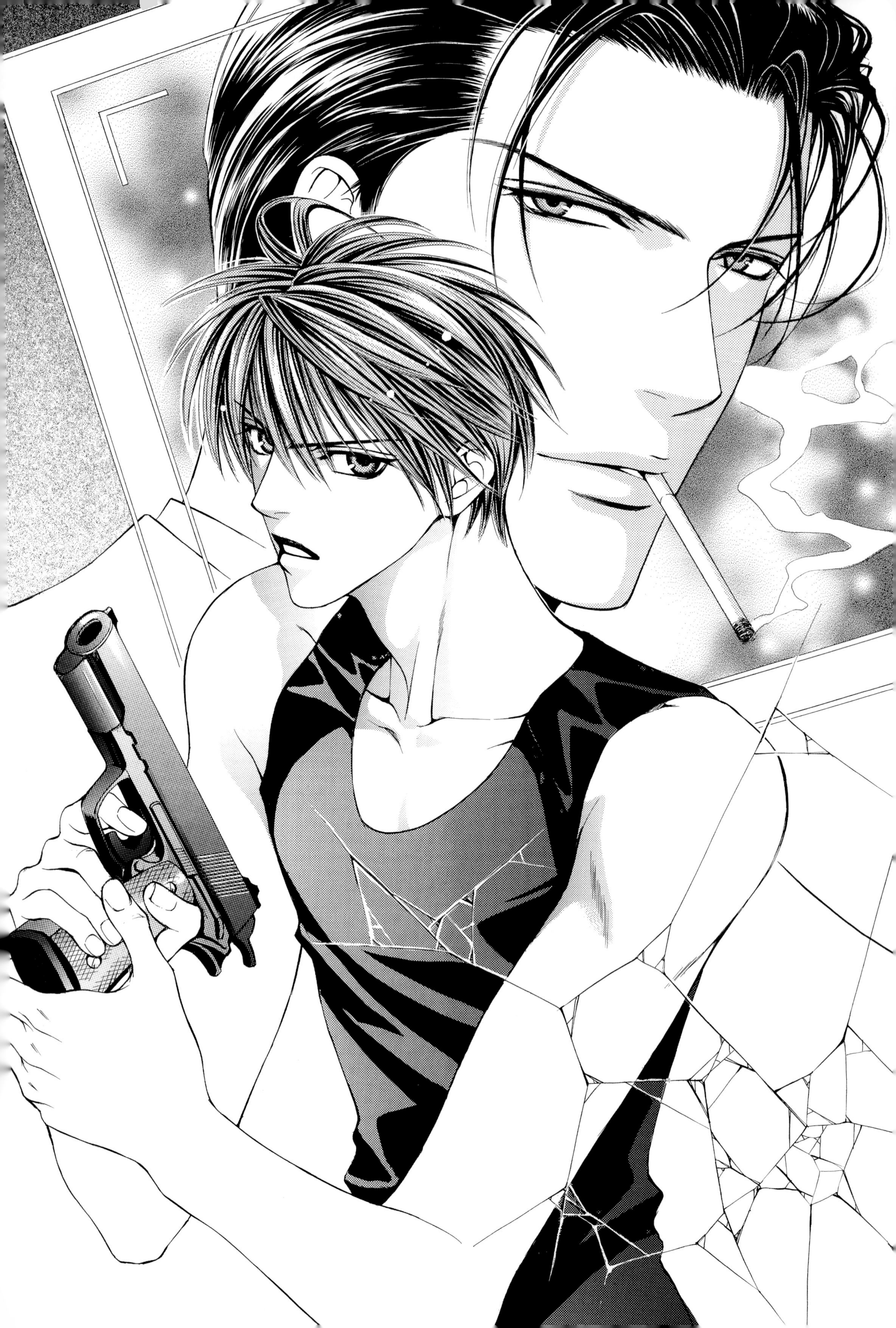

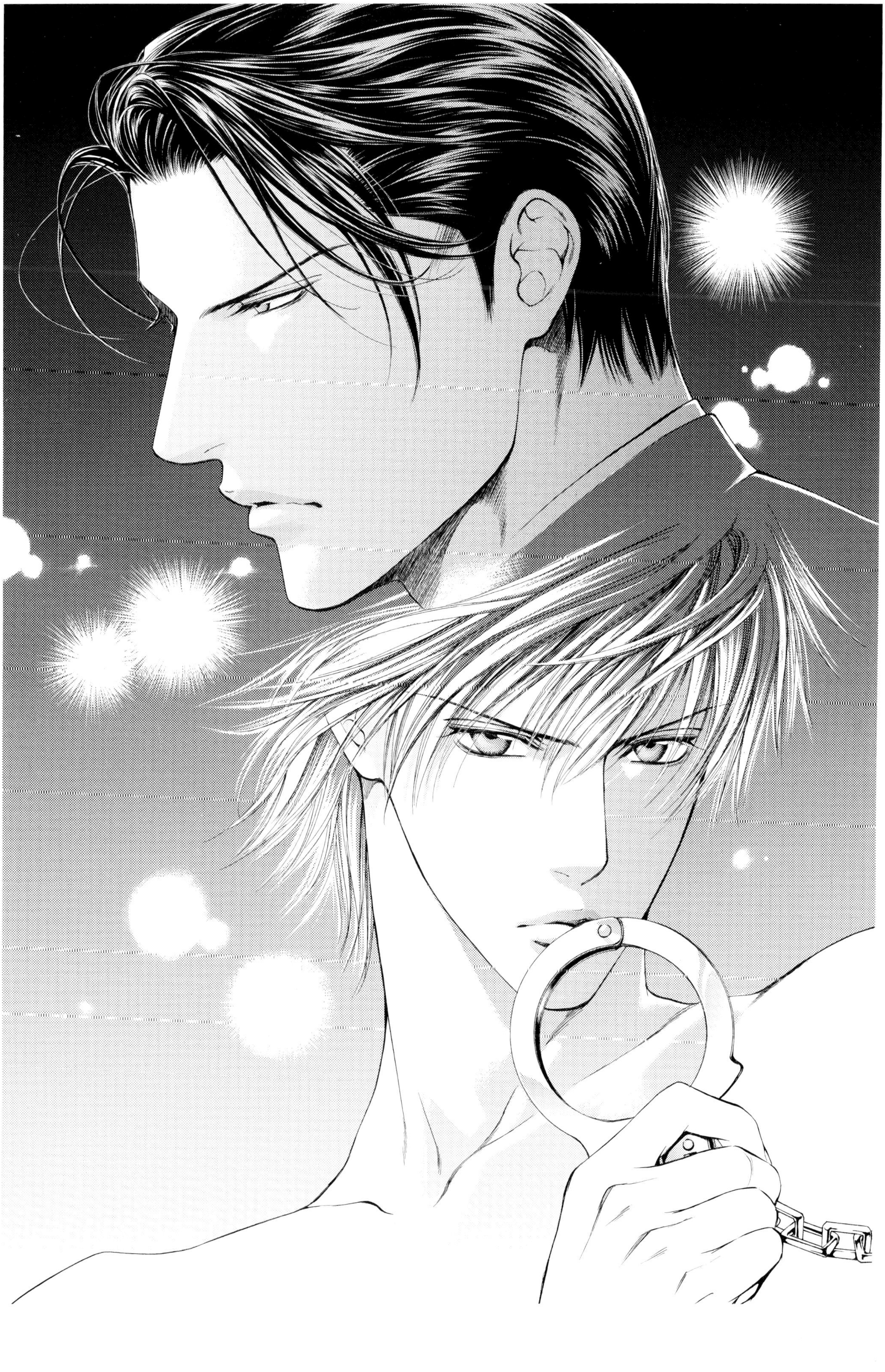

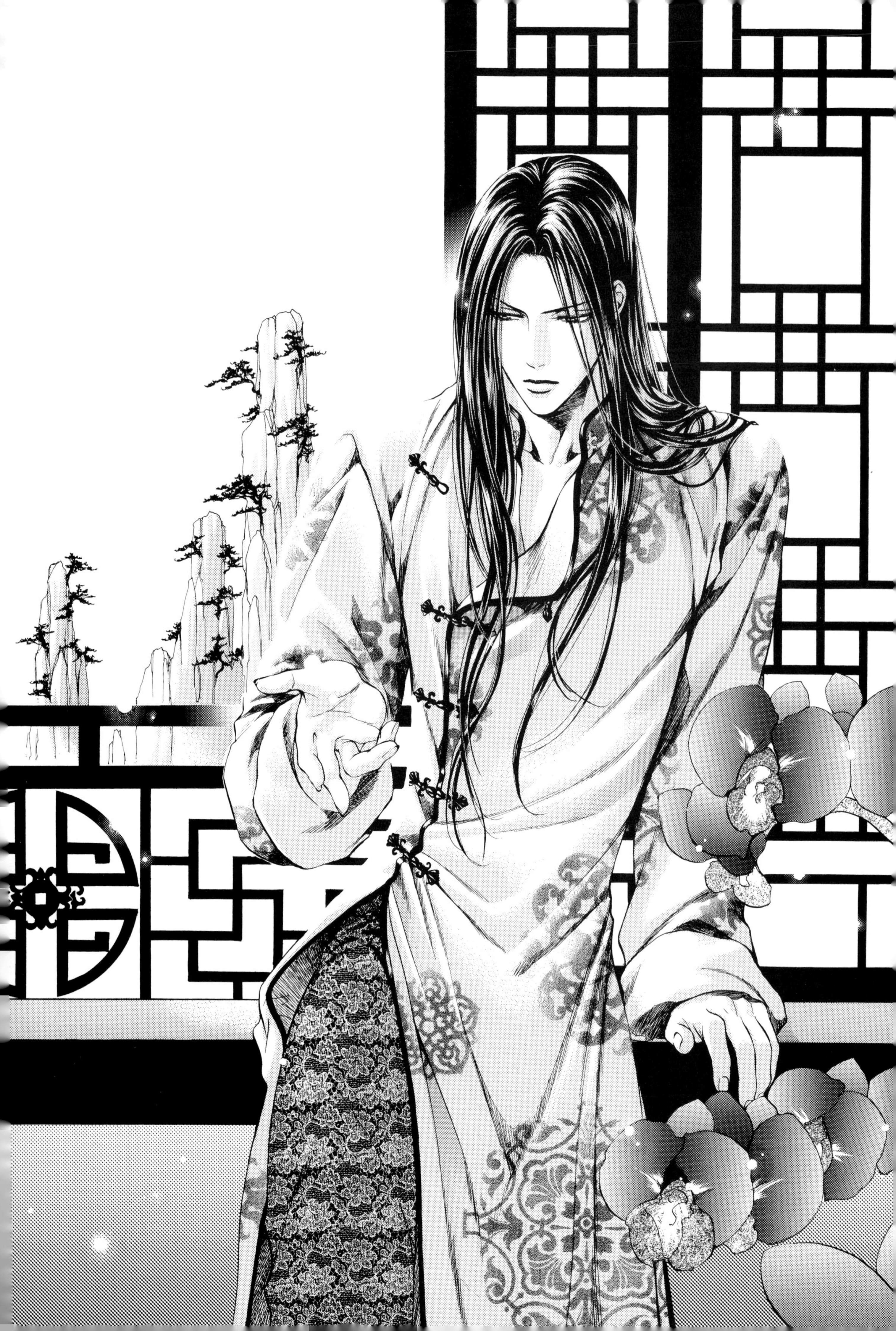

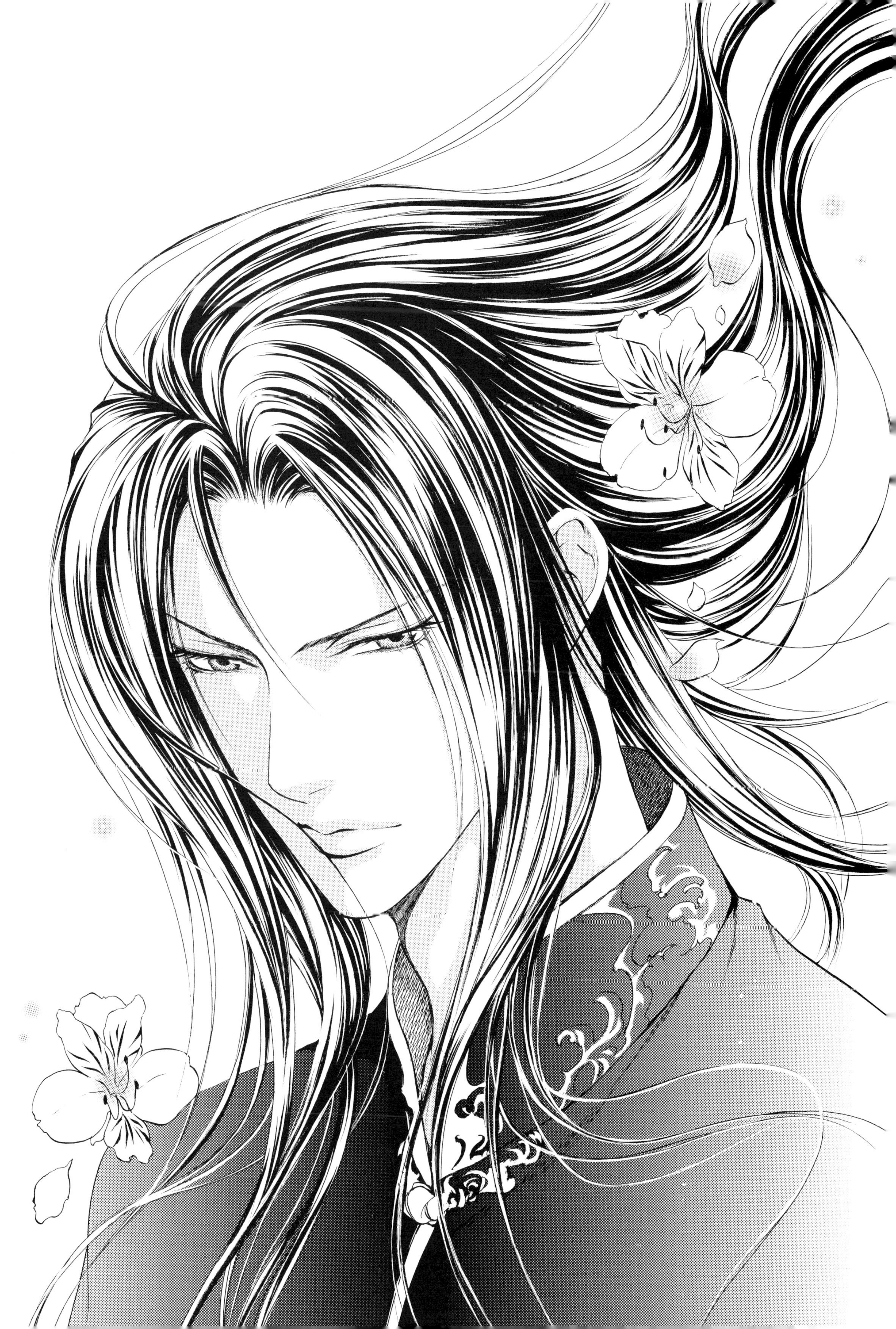

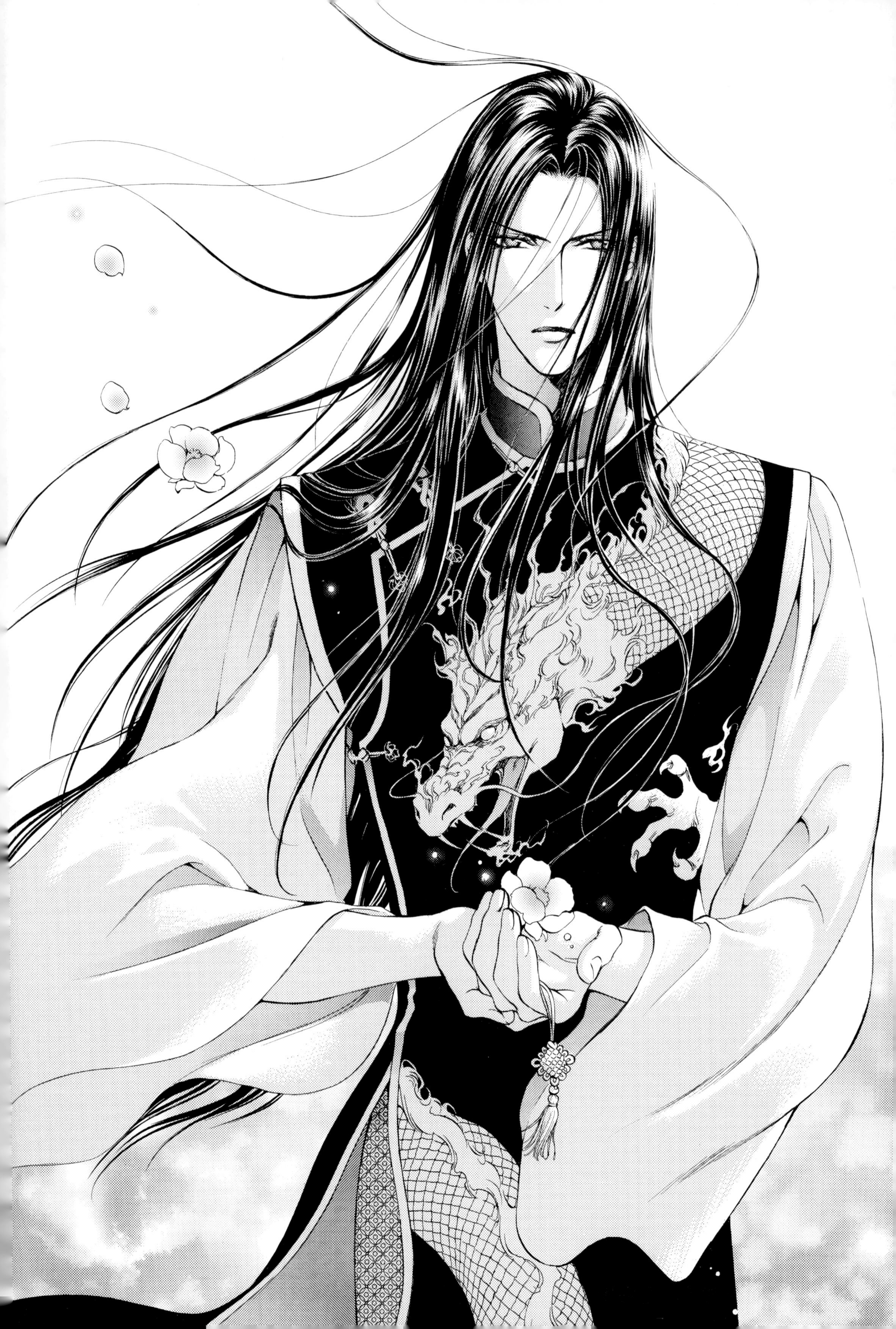

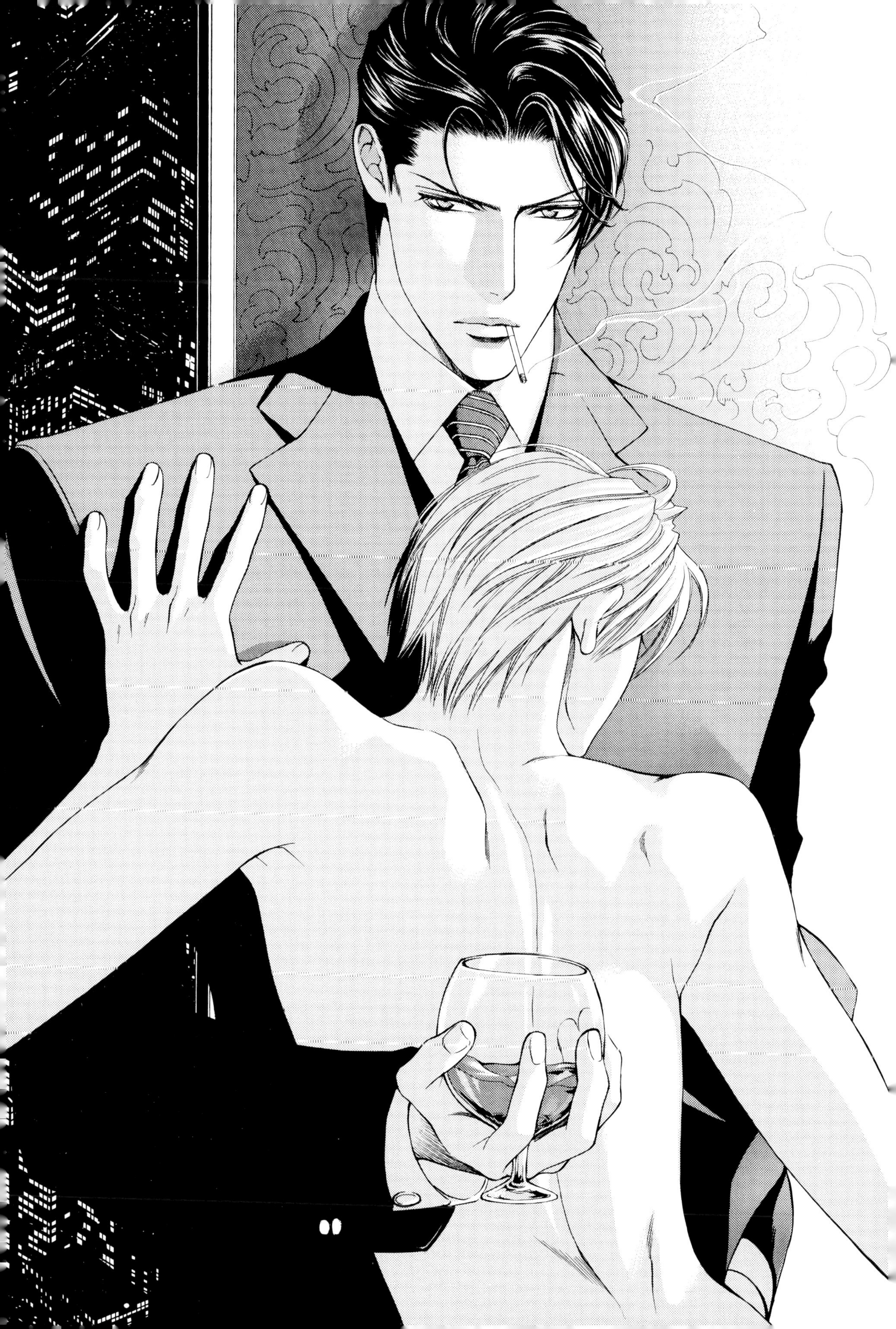

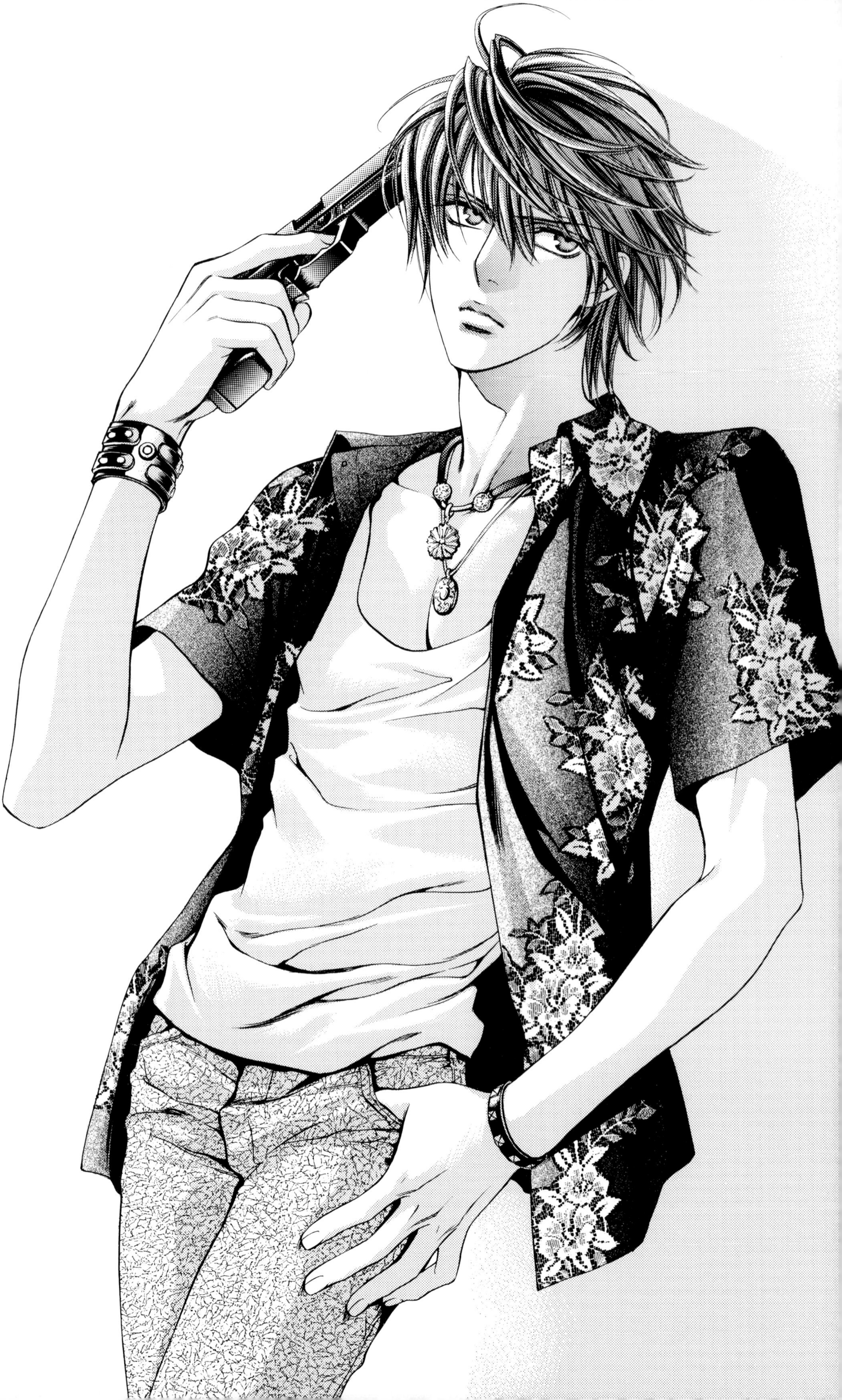

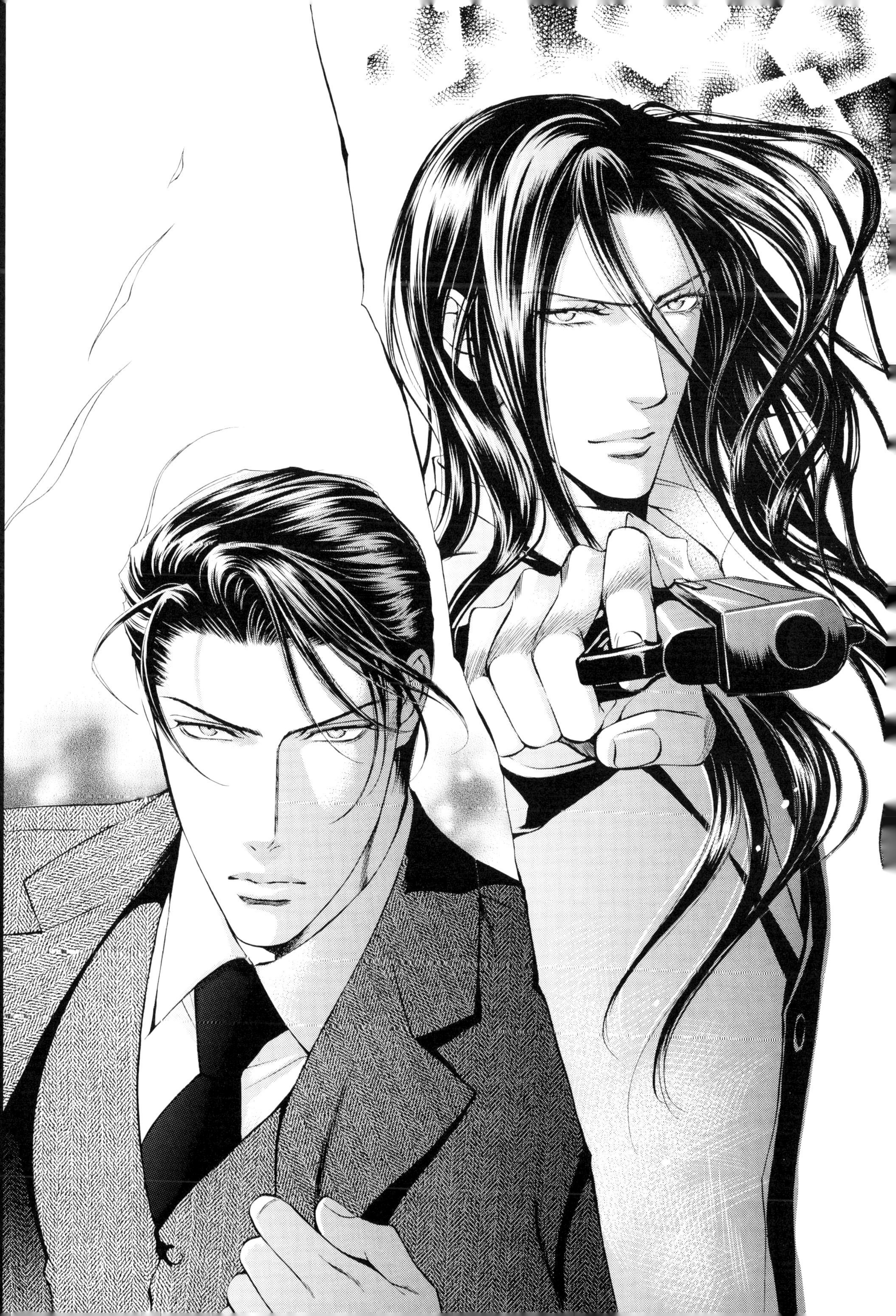

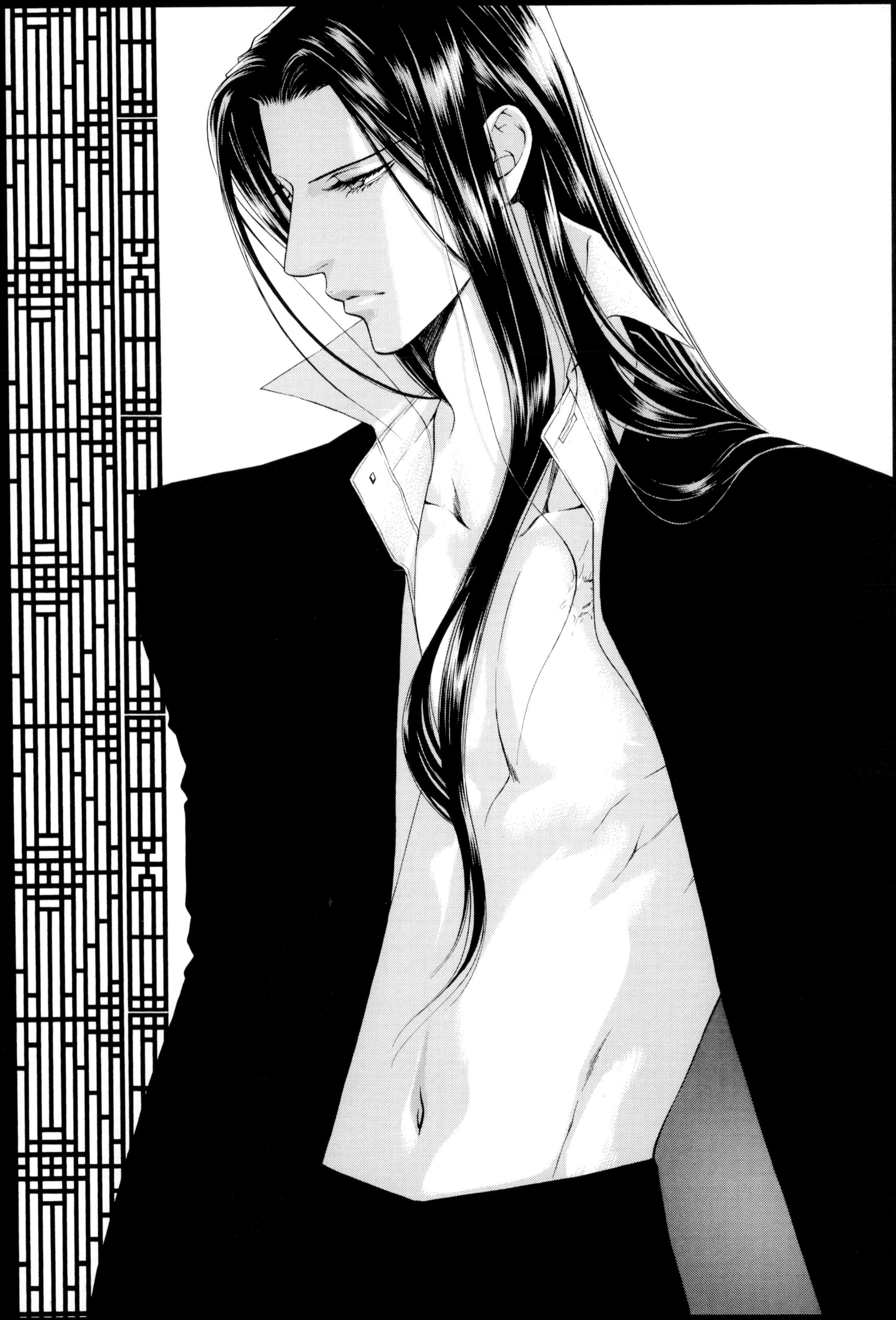

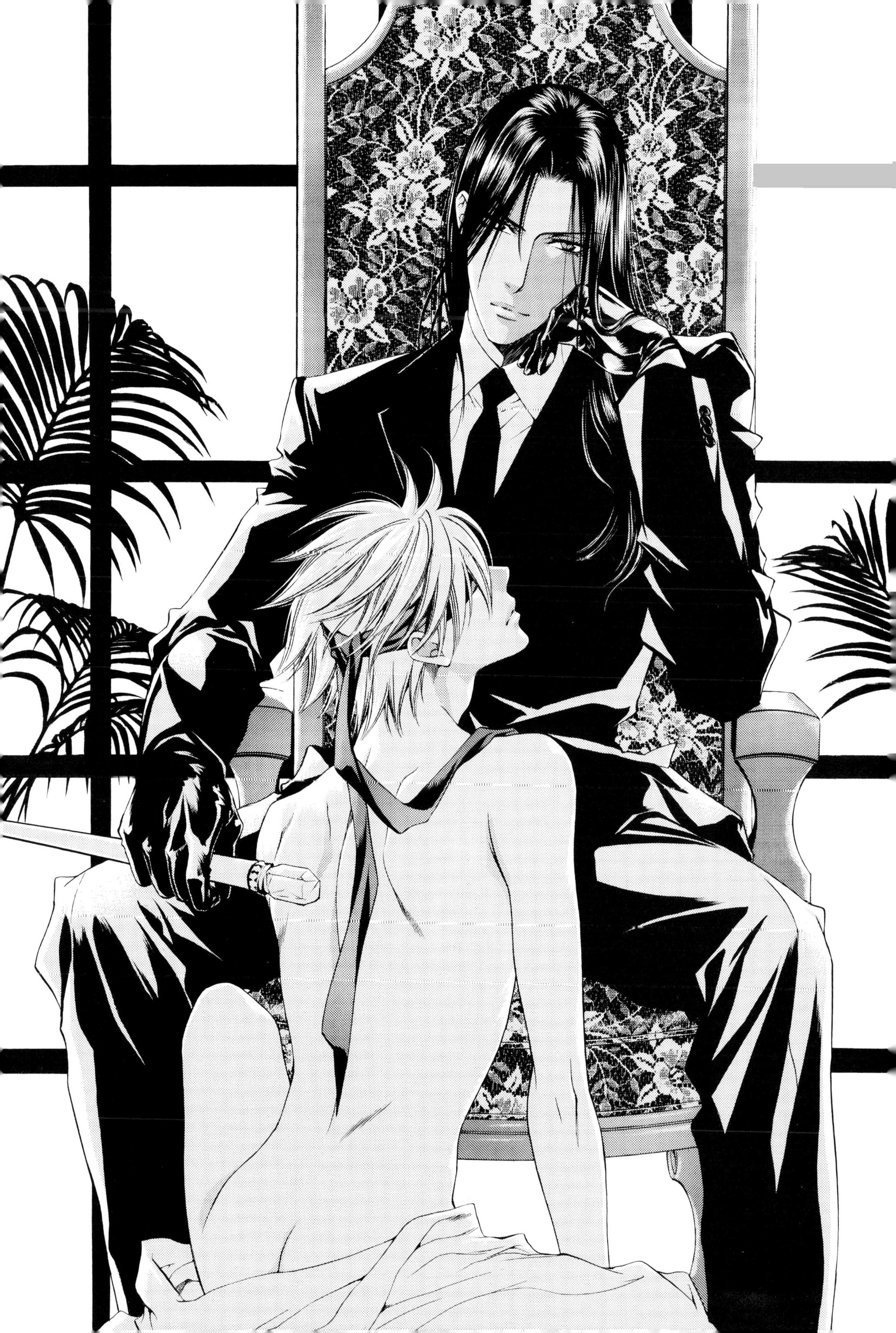

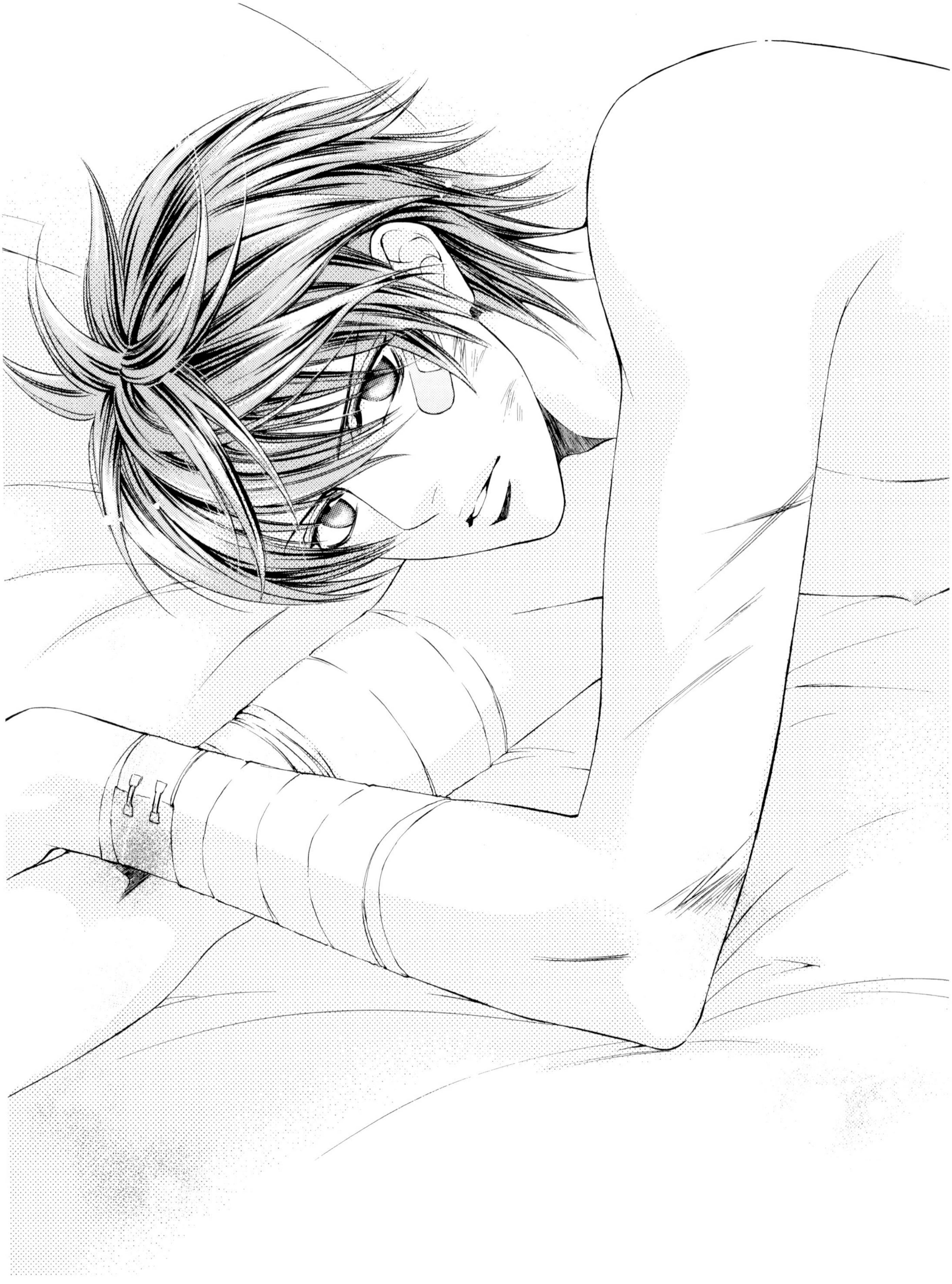

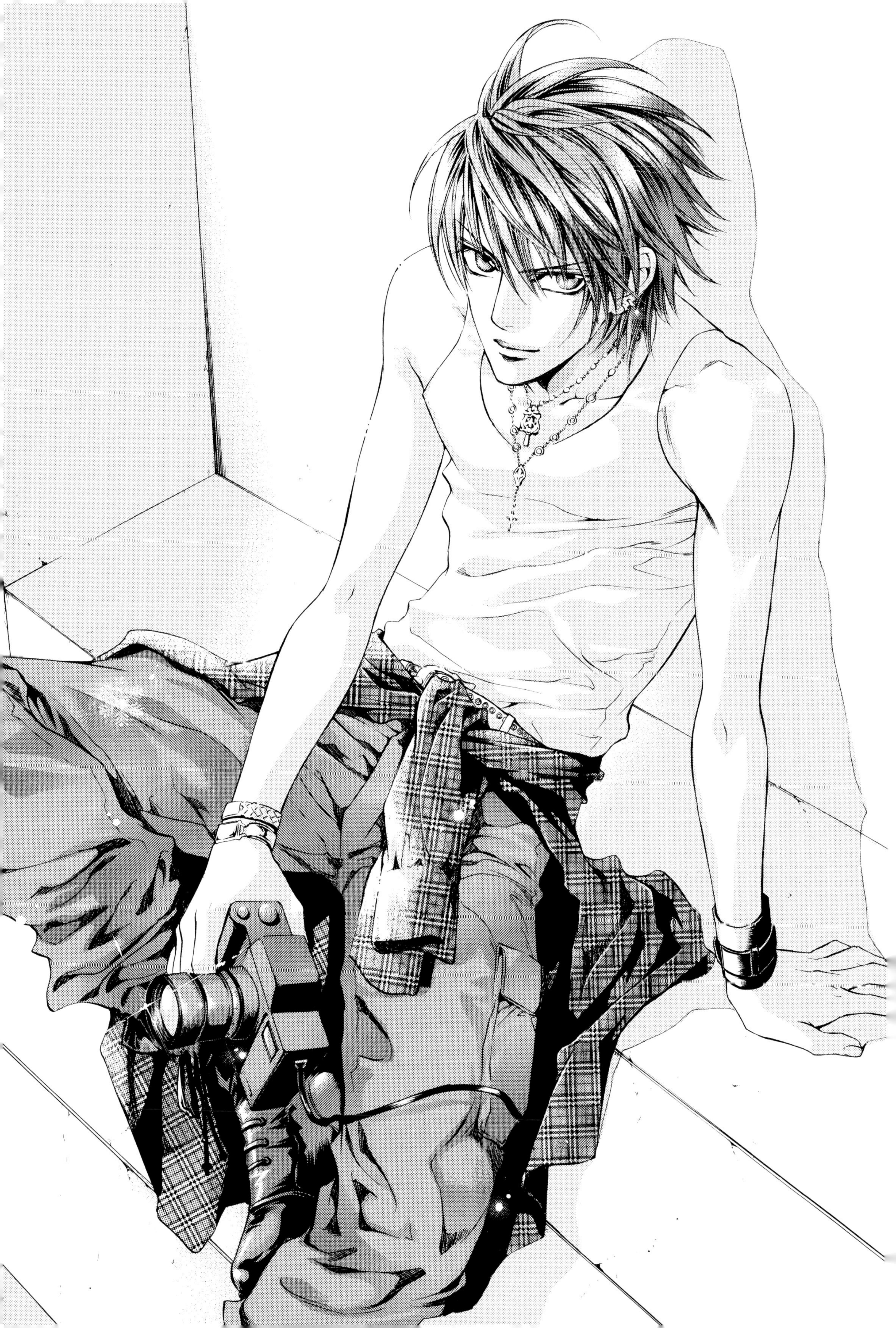

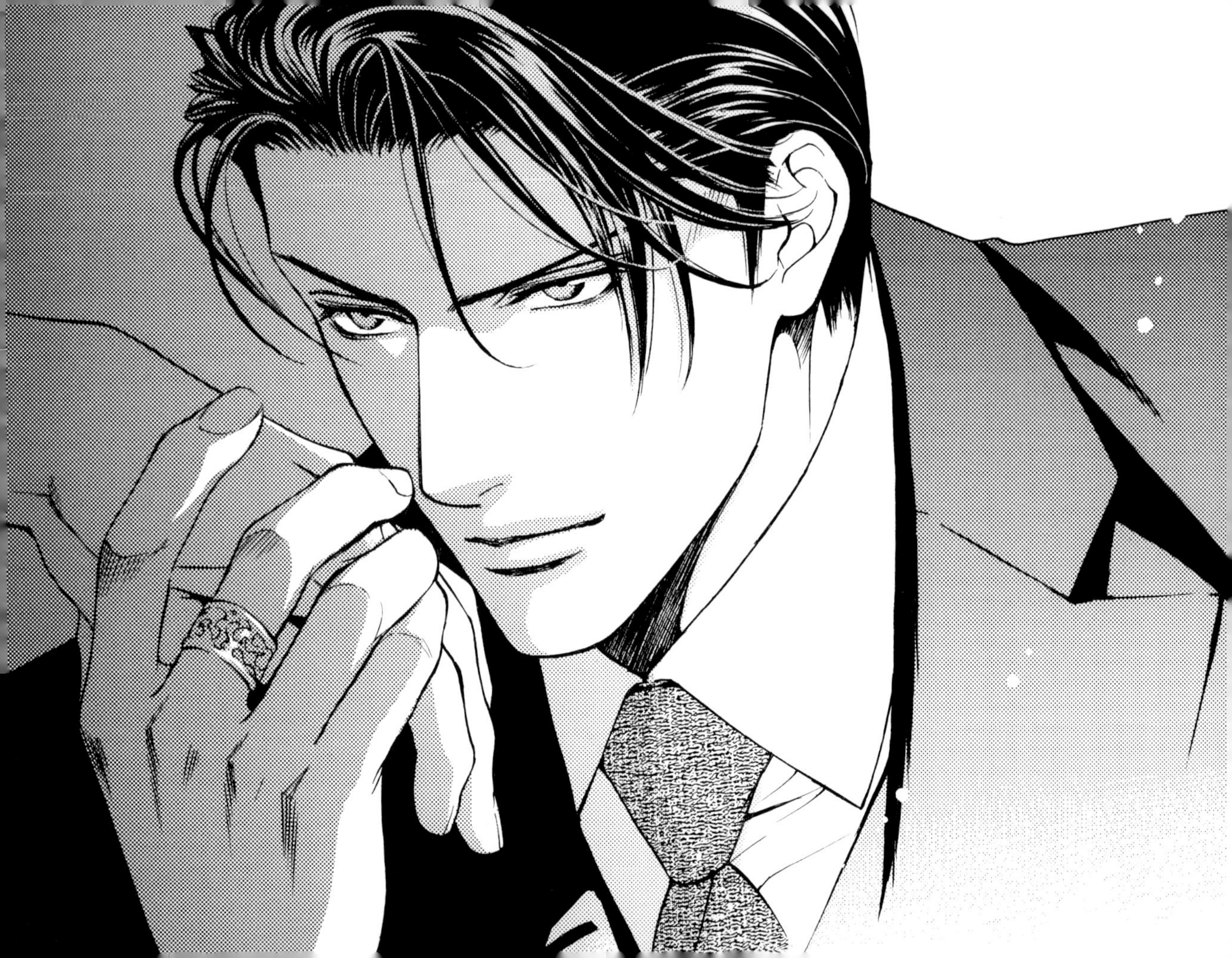

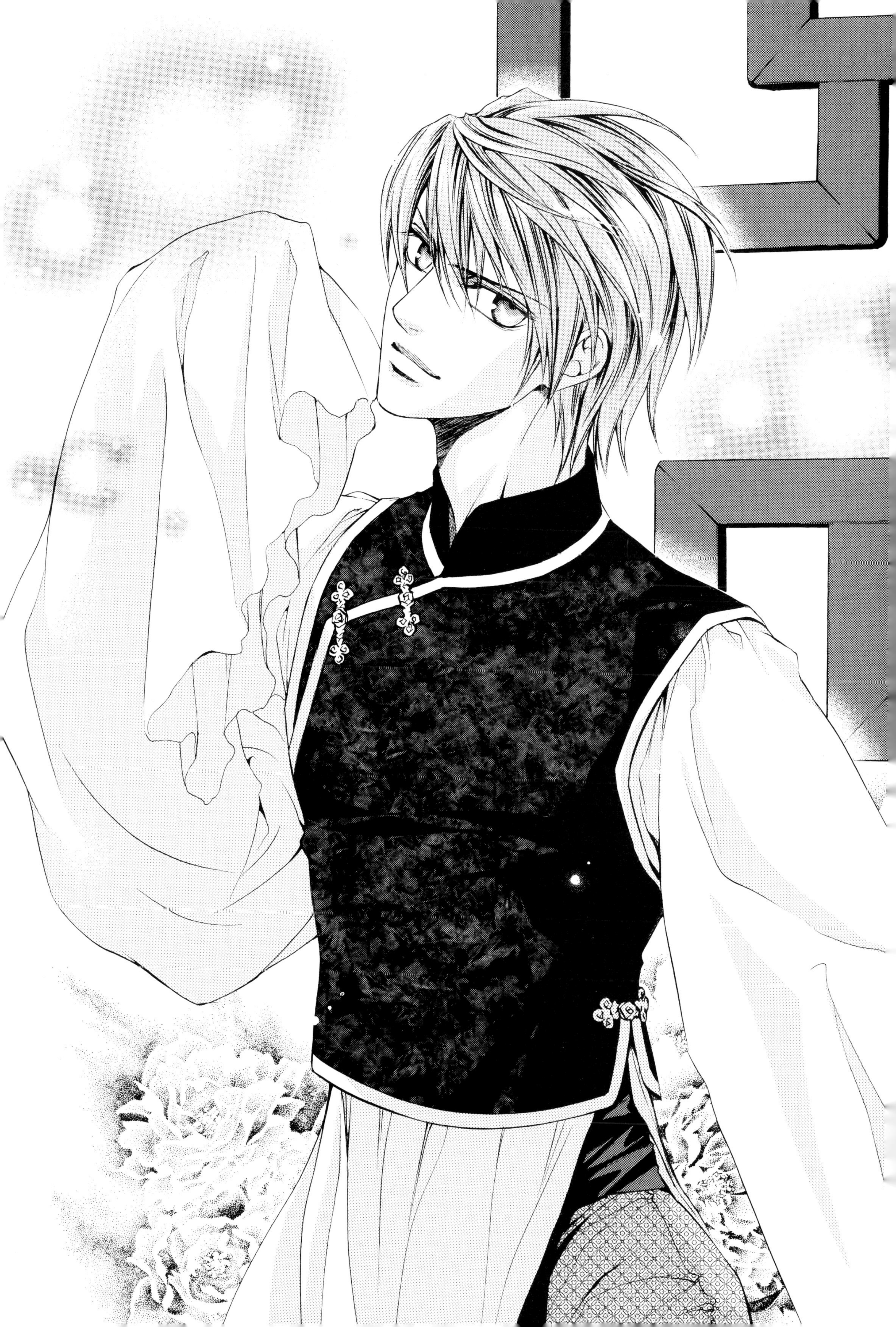

Erstver-öffentlichung

Schwarz-Weiß-Illustrationen

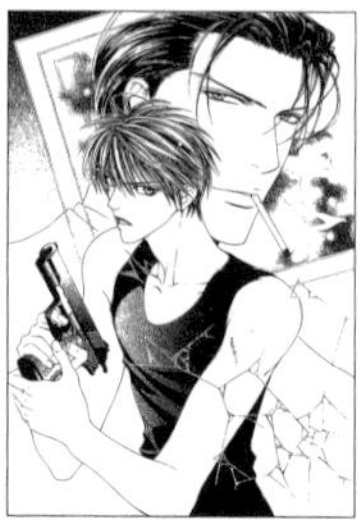

S. 58 ***b-BOY Zips 28***
Fixer-Kapitel-Cover
August 2001

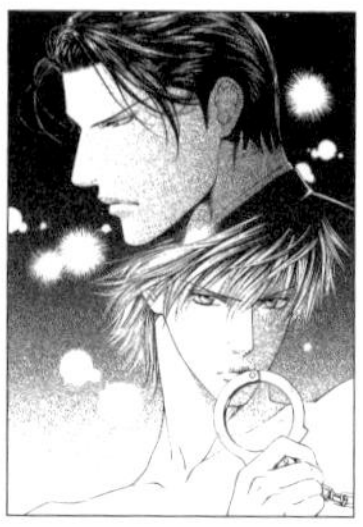

S. 59 ***b-BOY LUV 6***
Bodychase-Kapitel-Cover
Oktober 2003

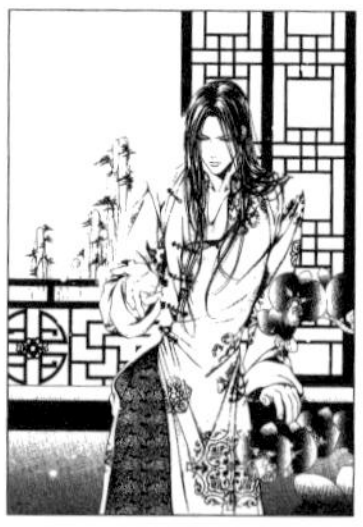

S. 60 ***BE·BOY GOLD***
Die Blume im Großstadtmoloch-Kapitel-Cover
April 2003

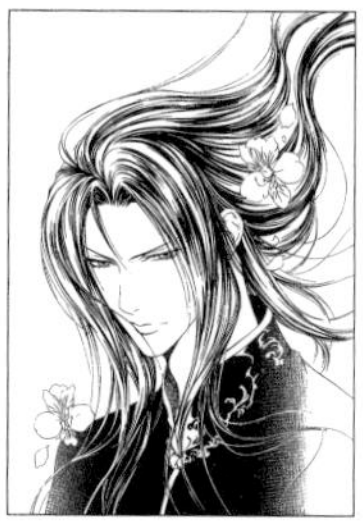

S. 61 ***BE·BOY GOLD***
Die Blume im Großstadtmoloch-Kapitel-Cover
Juni 2003

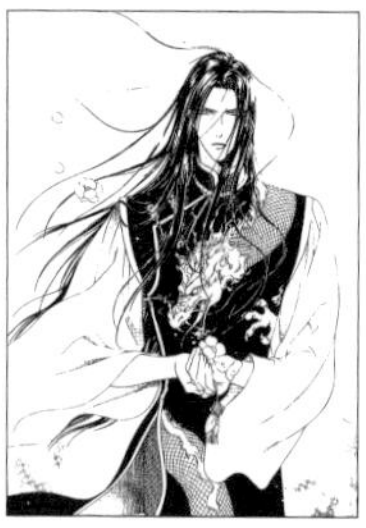

S. 62 ***BE·BOY GOLD***
Die Blume im Großstadtmoloch-Kapitel-Cover
August 2003

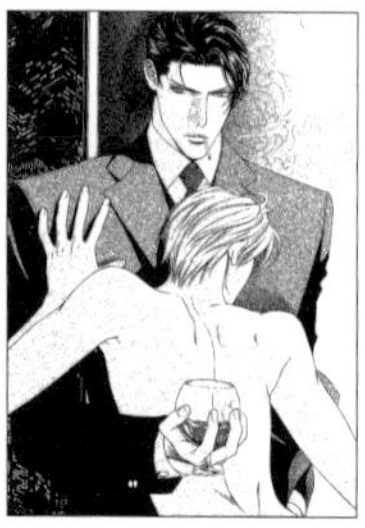

S. 63 ***BE·BOY GOLD***
Naked Truth-Kapitel-Cover
Oktober 2004

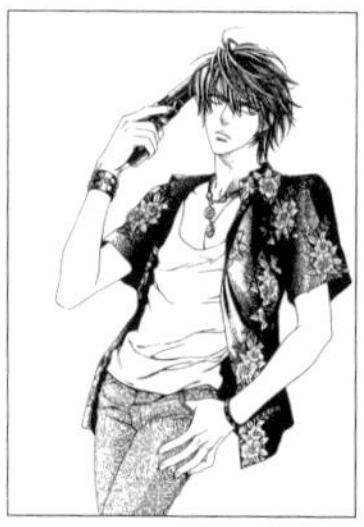

S. 64 ***BE·BOY GOLD***
Naked Truth-Kapitel-Cover
Dezember 2004

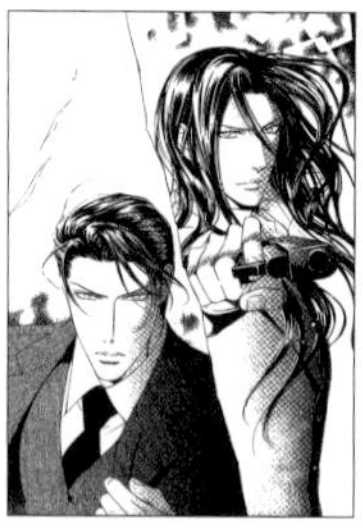

S. 65 ***BE·BOY GOLD***
Naked Truth-Kapitel-Cover
Februar 2005

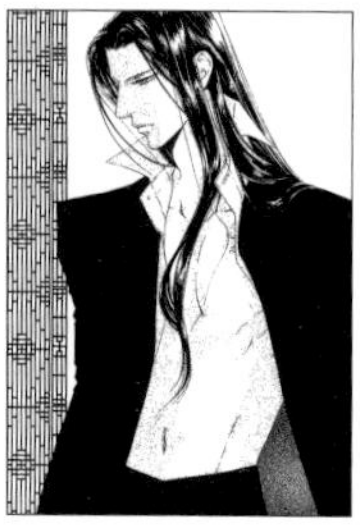

S. 66 ***BE·BOY GOLD***
Naked Truth-Kapitel-Cover
April 2005

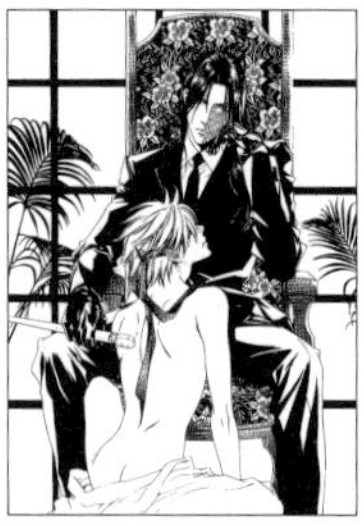

S. 67 ***BE·BOY GOLD***
Naked Truth-Kapitel-Cover
Februar 2006

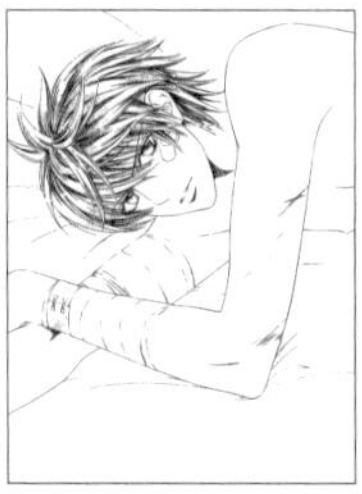

S. 68 ***BE·BOY GOLD***
Naked Truth-Kapitel-Cover
Juni 2006

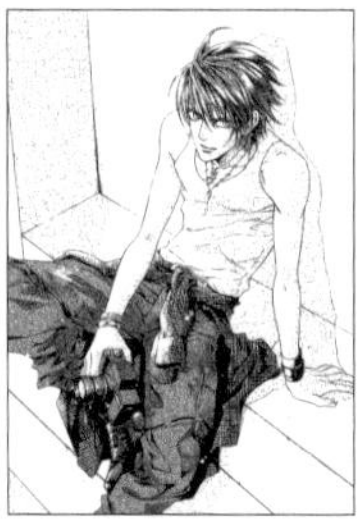

S. 69 ***BE·BOY GOLD***
Naked Truth-Kapitel-Cover
Oktober 2006

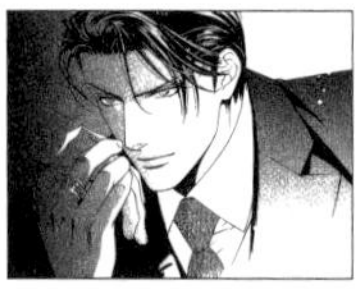

S. 70 ***BE·BOY GOLD***
Finder – Im Käfig (Biblos-Ausgabe)
Illustration zum Nachwort
März 2004

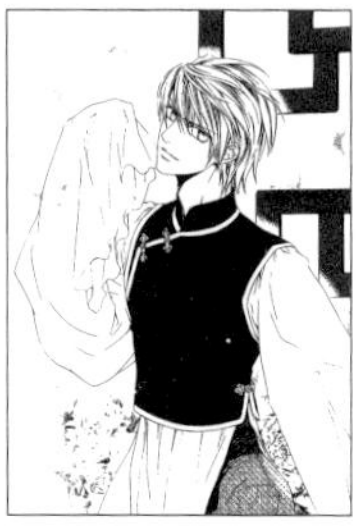

S. 71 ***BE·BOY GOLD***
Naked Truth-Kapitel-Cover
Februar 2007

Charaktere & Story

Das Schicksal führt den jungen Medienfotografen Akihito und den smarten Geschäftsmann Asami, hinter dessen Fassade sich eine berühmtberüchtigte Größe der japanischen Unterwelt verbirgt, zusammen.

Grund dafür sind lediglich ein paar brisante Aufnahmen. Da Asami eine kleine Bestrafung für angemessen hält, entführt er Akihito kurzerhand, liebt ihn, befriedigt seine Lüste an ihm und tritt ihn mit Füßen. Außerdem muss sich Akihito harte Worte von Asami gefallen lassen. Sein Versuch, sich verbal zu wehren, misslingt, und es gelingt ihm nicht, Asami von sich wegzustoßen. Ganz egal, ob in Shinjuku oder in Hongkong – kann man ihre Liebe wirklich als solche bezeichnen? Die Beziehung der beiden ist kompliziert und festgefahren, und doch überdauert sie die Jahreszeiten und verändert sich mit ihnen. Es scheint, als würden die Bande zwischen ihnen immer fester werden … Oder ist das alles doch ganz anders …?

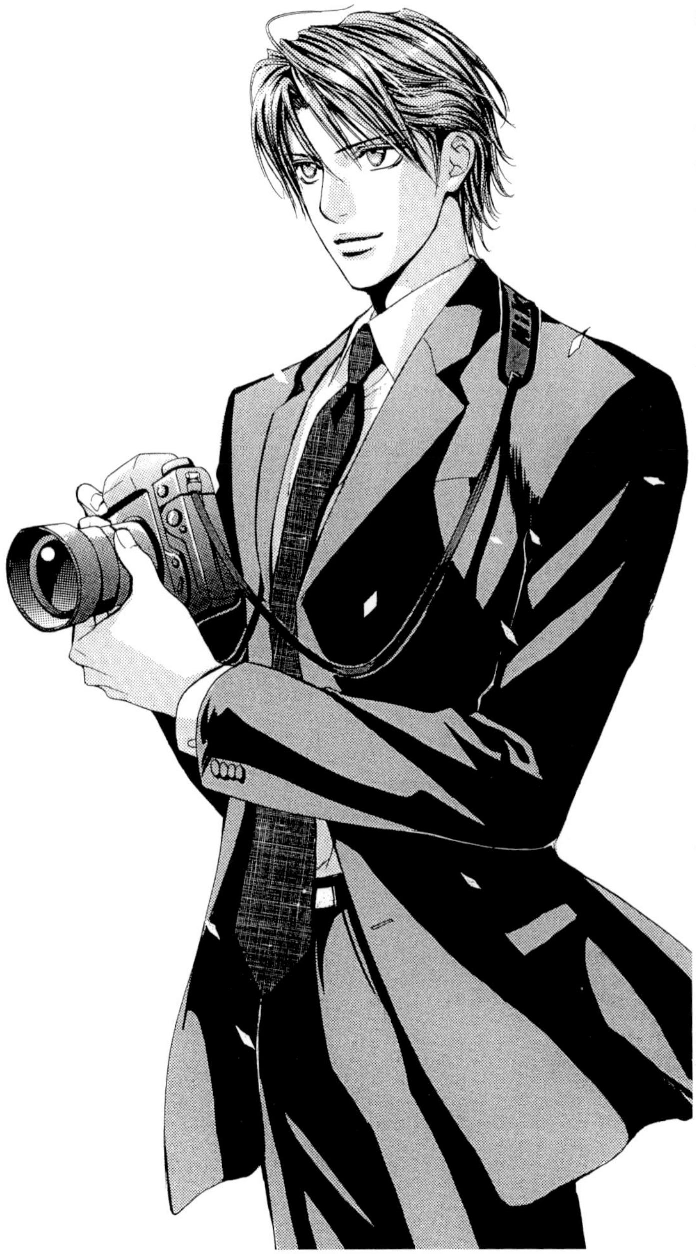

Akihito Takaba

Geburtstag: 5. Mai
Alter: 23
Sternzeichen: Stier
Blutgruppe: 0
Beruf: Freischaffender Fotograf (spezialisiert auf Pressefotos)
Jahreseinkommen: keine Angaben
Wohnort: Tokyo
Größe/Gewicht: 175 cm / 60 kg
Schuhgröße: 42
Isst gerne: Yakiniku*, Junkfood, Seetang-Salat
Mag nicht: Zwiebeln, aromatische Kräuter
Trägt gerne: Vintage Jeans
Unterwäsche: gemusterte Boxershorts
Charakter: Positiv eingestellt und meist unbekümmert
Hobbys: Spielt gerne mit seiner Kamera
Vorlieben: Liebeleien haben ihn bislang nicht interessiert
Erogene Zonen: Nacken, Ohren, etc.
Ihm ist wichtig: Die Kamera, die er von seinem Vater bekommen hat

*gebratenes Fleisch

Diese Augen strahlen hell und hoffnungsvoll, selbst noch gefangen in der Dunkelheit!

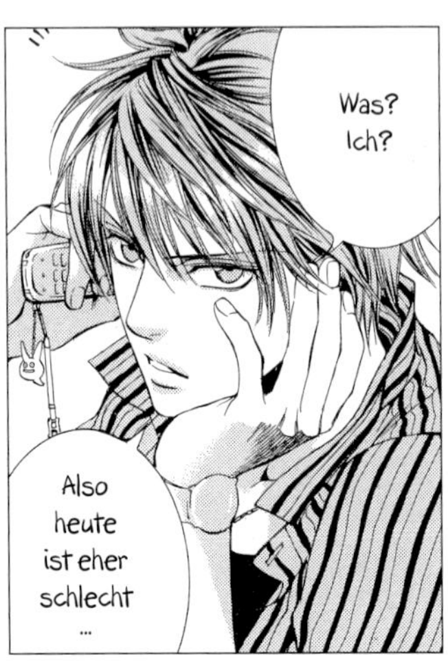

Akihito verdient sein Geld als freischaffender Fotograf und ist somit immer auf Achse. Es ist noch nicht allzu lange her, dass er sein Leben angepackt hat und auf eigenen Füßen steht.
Als Teenager durchlebte er eine rebellische Phase, in der er die Bekanntschaft mit den Polizisten des Polizeireviers von Shinjuku gemacht hat. Sein Vater, der ebenfalls Fotograf ist, hat ihn jedoch auf den rechten Weg zurückgeführt. Nach dem erfolgreichen Highschool-Abschluss erwuchs in Akihito der Wunsch, Fotograf zu werden. Da die Großstadt sein Arbeitsplatz ist, zog er in eine eigene Wohnung, die ihm als Basis für seine Jagd nach dem perfekten Bild dient. Momentan verdient er seinen Unterhalt mit Auftragsarbeiten für Zeitschriften und Kataloge, außerdem schießt er das eine oder andere Porträt von willigen Heiratskandidaten, die sich ansprechend präsentieren wollen. Nebenbei liegt er immer auf der Lauer und wartet darauf, das entscheidende Enthüllungsfoto zu schießen, das ihm zum großen Durchbruch verhilft. Sein Handwerkszeug hat er, wie es scheint, bei einem guten Lehrmeister erlernt.
Der Klub Shion in Shinjuku war der Schauplatz für den Vorfall, der sein Leben auf den Kopf gestellt hat, denn dort lernte er Ryuichi Asami kennen.
Akihito ist sehr sportlich, was sich nicht nur in brenzligen Situationen als hilfreich erweist.

Ryuichi Asami

Geburtstag:	4. August
Alter:	35
Sternzeichen:	Löwe
Blutgruppe:	AB
Beruf:	Geschäftsmann (Fassade)
Jahreseinkommen:	ca. 860 Millionen Euro (seine Einnahmen aus dem Mafiageschäft eingerechnet)
Wohnort:	Tokyo
Größe/Gewicht:	185 cm / 78 kg
Schuhgröße:	44
Augen:	durchdringender Blick
Bes. Qualifikationen:	herausragende Führungsqualitäten, Wirtschaftswissenschaften (MBA), Waffenschein
Mag gerne:	Japanische Küche
Mag nicht:	Süßes
Trägt:	Nur Maßanfertigungen
Unterwäsche:	Schwarz, eng anliegend
Charakter:	Sadistisch veranlagt
Vorlieben:	Männer mit Rückgrat
Eigenschaften als Liebhaber:	Vielseitig und unübertroffen
Ihm ist wichtig:	Dass sein Eigentum nicht von jemandem beschmutzt wird, denn das duldet er nicht!

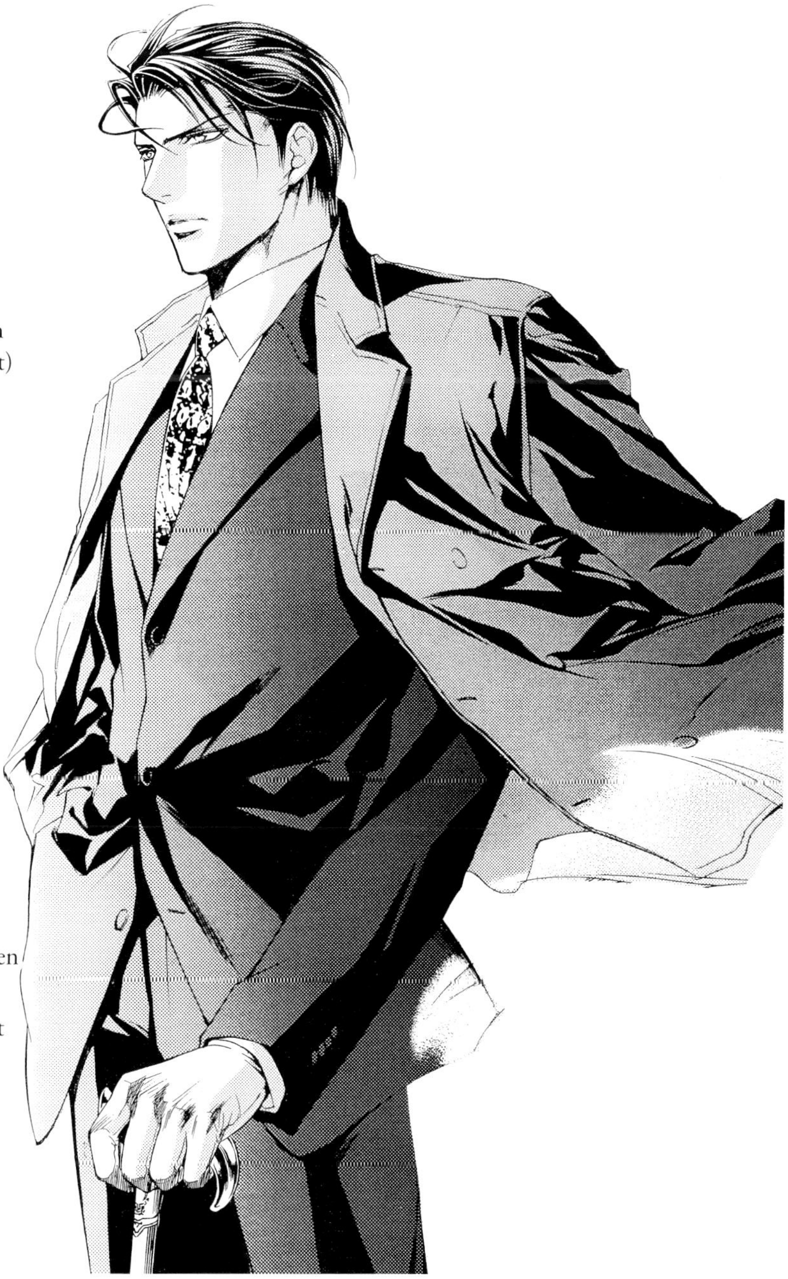

Hinter verwegenem Zigarettenqualm verstecken sich hochfliegende Ambitionen und Leidenschaft!

Ryuichi Asami ist ein junger Geschäftsmann, von denen es nicht viele in Japan gibt. Wie ein ausgebuffter Politiker verfolgt er seine Ambitionen und vernichtet dabei alles, was ihm im Weg steht. Gerüchte besagen, dass er ein Drahtzieher der Unterwelt ist, der Schmuggelrouten für Waffen aus verschiedenen asiatischen Ländern kontrolliert. Egal, wo er auftaucht, sticht Asami durch seinen scharfen Verstand, sein schönes Gesicht und seine eleganten Züge hervor.
Er raucht *Dunhill*, seine Anzüge sind maßgeschneidert und sein Geschmack ist verhältnismäßig konservativ und geradeheraus.
Er besitzt mehrere Schusswaffen und ist im Umgang damit ein Profi. Seine Position bringt es mit sich, dass er überall Feinde hat. Man erzählt sich jedoch, dass er sich oft lediglich mit einer einzigen Pistole bewaffnet in eine dieser sprichwörtlichen Höhlen des Löwen wagt. Dies versetzt seine Untergebenen, insbesondere seine Bodyguards, regelmäßig in helle Aufruhr.
Darüber, wie er in der Unterwelt zu dem wurde, der er heute ist, ist absolut nichts bekannt. Auf der einen Seite wirkt er kaltherzig und berechnend, doch in seinen jungen Jahren war er für Feilong ein Rettungsanker. Außerdem hat er sich stets für seine Untergebenen geopfert und sie beschützt. Mit dem Wort »cool« allein lässt sich Asami beim besten Willen nicht ausreichend beschreiben.

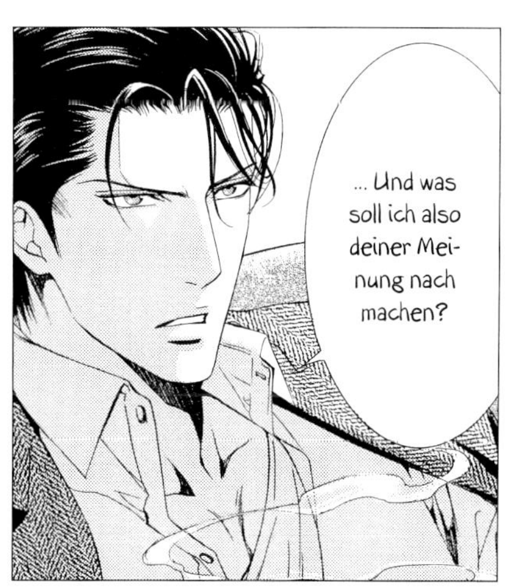

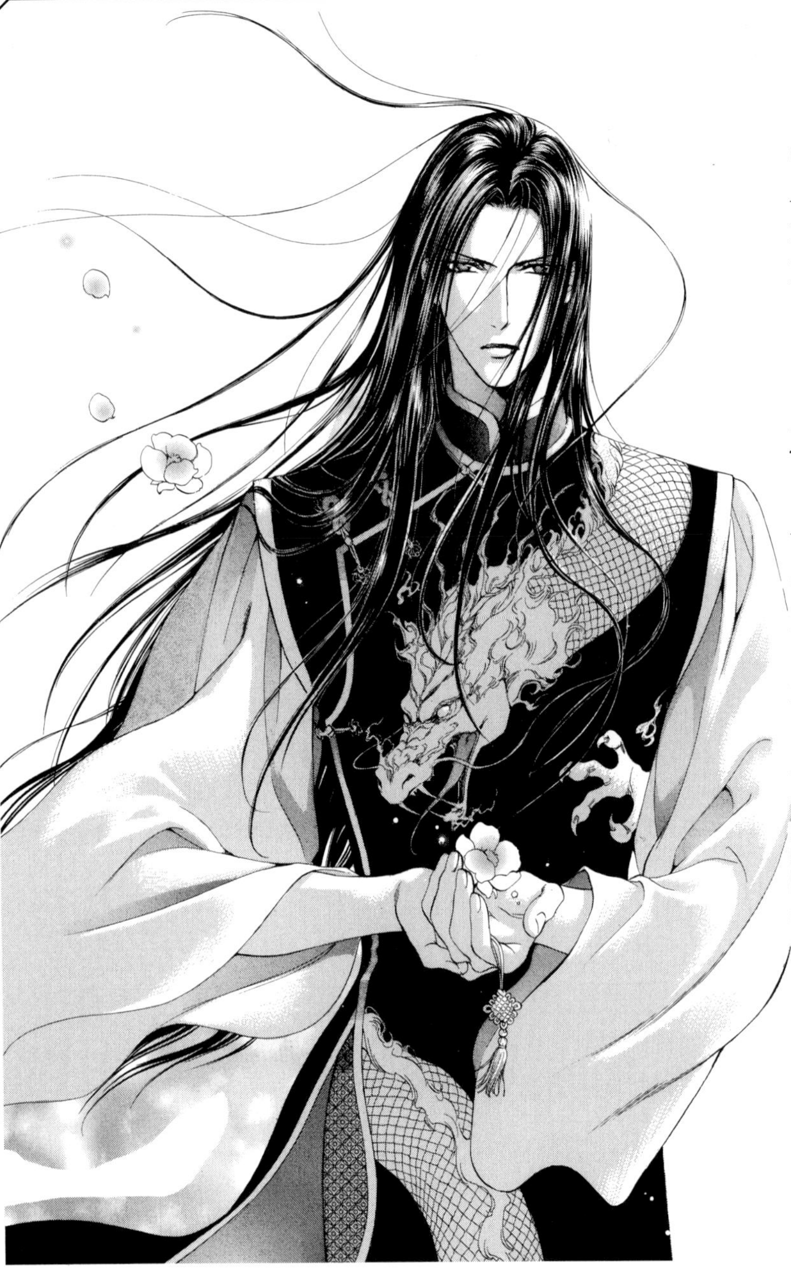

Feilong Liu

Geburtstag:	1. Februar
Alter:	28
Blutgruppe:	AB
Beruf:	Geschäftsmann, doch in Wahrheit das Geheime Oberhaupt der chinesischen Baishe-Mafia
Jahreseinkommen:	Aufgrund der Schwarzgelder keine Angabe möglich
Wohnort:	Hongkong, China
Größe/Gewicht:	179 cm /63 kg
Bes. Qualifikationen:	Chinesische Kampfkünste
Mag gern:	Gebratenes mit Austernsauce
Mag nicht:	qualitativ minderwertiges und billiges Essen
Trägt:	Traditionelle chinesische Seidengewänder, manchmal auch Anzüge
Unterwäsche:	keine Angabe möglich
Charakter:	legt großen Wert auf Manieren und Etikette; temperamentvoll
Hobbys:	Lesen, sammelt antiquarische Bücher
Steht auf:	Männer, die ihn überraschen und sich in keine Schublade stecken lassen
Erogene Zonen:	Haare
Was ihm wichtig ist:	seine Ehre

In ihm brodelt das Feuer eines Drachen, doch nach außen strahlt er Anmut und Grazie aus!

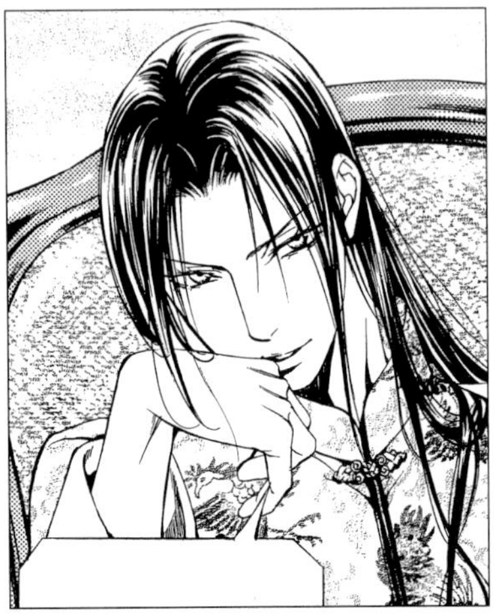

Feilong Liu ist das Oberhaupt eines chinesischen Drogensyndikats, der Baishe-Mafia. Feilong ist mit dem Mann, der ihn großgezogen hat, nicht blutsverwandt, doch er liebt und verehrt ihn wie seinen echten Vater. Sein Stiefbruder Yan Tsui, der leibliche Sohn seines Ziehvaters, tat immer alles zum Wohl des Klans, doch seine Eifersucht auf Feilong, den »ach so guten Sohn«, fraß ihn auf. Er quälte diesen, ließ ihn oft die Drecksarbeit machen und strich selbst die Lorbeeren ein. Am Ende wurde er jedoch von Asami aus dem Weg geräumt. Feilong empfindet tiefen Hass für Asami, den er für den Tod seines Ziehvaters verantwortlich macht. Vielleicht sind diese negativen Gefühle aber auch nur eine trotzige Verkehrung, da er sich selbst dafür tadelt, Asami zeitweise vertraut zu haben. Feilong konzentriert sich voll und ganz auf seine Aufgaben, sodass für Gefühle kein Platz ist. In Tao hat er einen treuen Freund gefunden, dem er als Einzigem voll und ganz vertraut. Trotzdem scheint es fast so, als würde er Akihito, seine Geisel, nach und nach besser kennenlernen und ihm allmählich sein Herz öffnen …

Weitere Charaktere

Michel Albatof & Eury

Mitglieder der Russenmafia. Sie haben es auf die Kasinorechte der Baishe-Mafia auf Macau abgesehen und interessieren sich daher besonders für Feilong. Eury beobachtet Michels Verhalten jedoch mit Argwohn, der allein sein eigenes Vergnügen im Sinn hat.

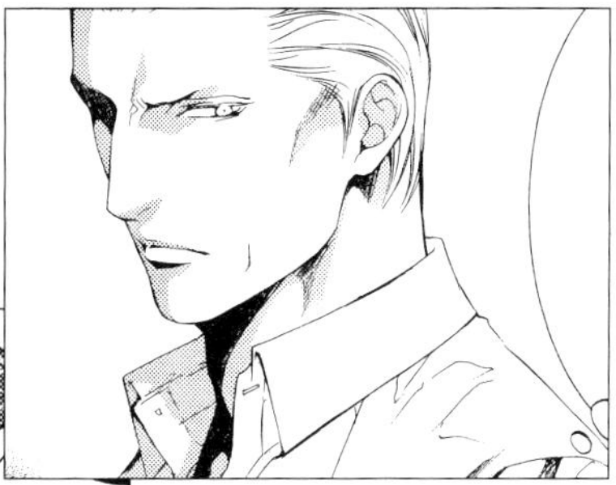

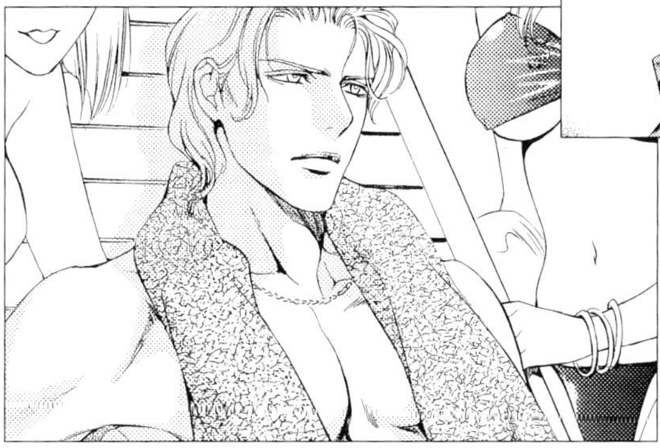

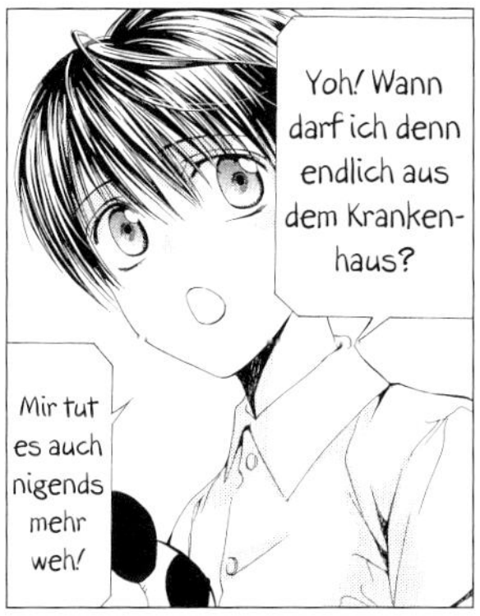

Tao

Der kleine Junge ist fast immer an Feilongs Seite anzutreffen. Feilong nahm den Waisenjungen Tao, der allein durch die Straßen irrte, eines Tages bei sich auf. Seitdem hat Tao seinem Retter die Treue geschworen. Derzeit geht er Feilong beim Ankleiden zur Hand, kocht Tee für ihn und putzt. Er hat einen Privatlehrer, sodass er nicht zur Schule muss. Manchmal hilft ihm Feilong sogar bei seinen Hausaufgaben. Er spricht Mandarin, Kantonesisch und sogar Japanisch, wenn auch nur gebrochen. (Er lernt jedoch eifrig, weil er Feilongs verstärktem Interesse an Japan gerecht werden will.)

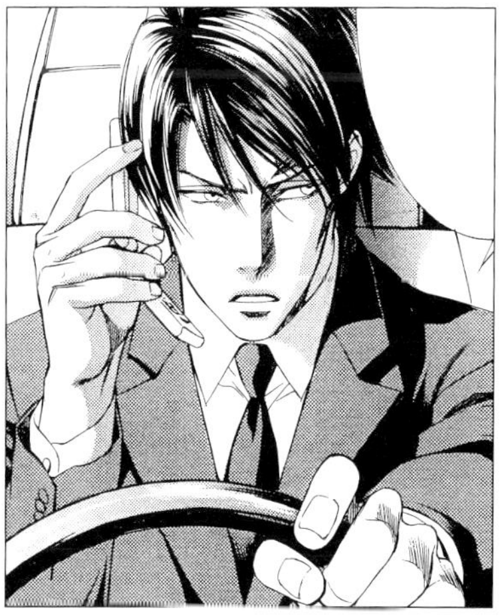

Yoh

Untergebener von Feilong, der sein volles Vertrauen genießt. In Wahrheit ist er jedoch ein Spion, der von Asami beauftragt wurde, mit Feilong auf Tuchfühlung zu gehen. Er schwört Asami die Treue, doch mittlerweile scheint er Skrupel zu haben, Feilong zu hintergehen.

Geheimnisvolle Trivialitäten

Dunhill - Asamis Lieblingszigarettenmarke. Er soll mit 15 Jahren mit dem Rauchen begonnen haben.

Akihitos Wohnung - Zu der Zeit als *Eine kalt-warme Nacht* spielt, ist er umgezogen. Er hat eine Zweizimmerwohnung mit großer Essküche mitten in der Stadt, was bedeutet, dass er nicht schlecht verdienen muss …

Sherryton Bay Hotel - Hotel in Yokohama, Japan. Asami übernachtete dort in Kapitel 1 von *Naked Truth*. In Erwartung eines Geschäftstreffens hat er ein simples Doppelzimmer gebucht, um möglichst nicht aufzufallen.

CZ 75 - CZ steht für Česká zbrojovka. Asami ist im Besitz einer CZ 75, einer in der ehemaligen Tschechoslowakei hergestellten Handfeuerwaffe. Außerdem besitzt er eine Beretta und noch viele Waffen mehr, natürlich illegal.

Takato & Kou - Die beiden Freunde von Akihito haben Auftritte u. a. in *Naked Truth* und *Love Surprise*. Der mit den langen Haaren ist Kou, der mit den kurzen Haaren ist Takato. Letzterer war bei der Hochzeit in *Bodychase* zu sehen.

Kei Kirishima - Spielt in *Finder – Im Fadenkreuz* eine Rolle; Asamis erster Sekretär. Trägt eine Brille. Seitdem Asami in Hongkong verwundet wurde, kümmert er sich um Asami und ist fast immer in dessen Nähe. Er übernimmt all die kleinen Aufgaben, die so anfallen.

Kasumi Suo - Zu sehen in *Finder – Im Fadenkreuz*. Asamis Sekretär und Bodyguard. Er springt ein, wenn Kei Kirishima verhindert ist. Als Sekretär ist er allerdings nicht sonderlich geschickt, denn das ist keine seiner Stärken.

Titel - Angefangen hat alles mit *Finder – Im Fadenkreuz*. Der erste Teil dieses Titels sollte bleiben und war fortan Namensgeber für die gesamte Serie. Band 1 wurde nach der ersten Geschichte benannt: *Finder – Im Fadenkreuz*. Da diese Namensgebung auch für Band 2 angewandt wurde, war eine Art Schema entstanden. Kein ganz ungefährlicher Weg, denn schließlich erlegten wir uns damit selbst eine Regel auf, die wir fortan einzuhalten hatten.

Sushi-Restaurant auf der Insel Awaji - Ayano Yamane hat nach längerer Zeit wieder einmal ihre Heimat Awaji aufgesucht. Mit ihrem Vater besuchte sie dessen Stamm-Sushi-Restaurant und verbrachte dort ein paar lustige Stunden im Kreise ihrer Familie. Uns ist nicht bekannt, ob ihr Vater irgendwann stolz gerufen hat: »Meine Tochter ist eine Mangaka!« Allerdings hat er sich vom Sushi-Meister ein Blatt Papier geben lassen und eifrig ein Bild von Akihito gemalt. Ob das Bild noch heute eine Wand des Restaurants ziert, ist nicht überliefert.

Feilongs Mode - Ganz nach dem Geschmack seines Vaters trug er Kleider, die sein schönes Haar zur Geltung brachten. Seine aktuelle Garderobe, die er trägt, wenn er es sich auf seinem Anwesen gemütlich macht, wählt Tao aus.

Akihitos Jugendsünden - Leider eine klitzekleine Spur zu sündig, sodass diese hier verborgen bleiben.

Akihitos Sprachkenntnisse - Sein Englisch reicht für Alltagsgespräche gerade so aus (oft muss er sich mit Händen und Füßen verständigen). Chinesisch versteht er so gut wie überhaupt nicht.

Asamis Pass - In seinem Pass, der auf den Namen »Ryuichi Asami« lautet, sind keine Einträge über Ein- und Ausreisen vermerkt. Es steht fest, dass Asami für das Reisen mit jeglicher Art von Zügen nicht infrage kommt, und er noch nie eine Wochen- oder Monatskarte aus der Nähe gesehen hat.

Asamis Armbanduhr - Er besitzt viele Luxus-Uhren und somit zu jedem Anzug die passende.

Akihitos Schlüssel - Seinen lustigen Schlüsselanhänger hat er angeblich von einem Kind bekommen, das für ihn mal Modell gestanden hat.

Feilongs Auto - Feilong besitzt keinen Führerschein. Wenn er an einen bestimmten Ort möchte, bringt ihn sein Fahrer sicher ans Ziel. Da er einige Fahrpraxis besitzt, sieht er keine Notwendigkeit, den Führerschein noch zu machen.

Taos chinesisches Kostüm - Tao trägt Feilongs Kinderkleidung, die dieser ihm vererbt hat. Da Tao in letzter Zeit ziemlich gewachsen ist, hat er die Kleider heimlich von einer Bediensteten anpassen lassen.

Die Storys – ein Überblick

Fixer

»Nur ich allein darf in dich eindringen! Außer meinem Schwanz wirst du keinen anderen spüren, verstanden?«

In der Hoffnung, ein paar Enthüllungsfotos zu schießen, tarnt sich Akihito auf einer High-Society-Party als Kellner. Ein Mann mit einer Verletzung schiebt ihm eine Diskette zu mit der Anweisung, sie Asami zu übergeben. Wie es aussieht, ist die Baishe-Mafia an den brisanten Informationen auf dieser Diskette interessiert und entführt Akihito, um in ihren Besitz zu gelangen. Feilong, das junge Oberhaupt der Baishe-Mafia, will Akihito jedoch nicht mit Gewalt zu ihrer Herausgabe zwingen.

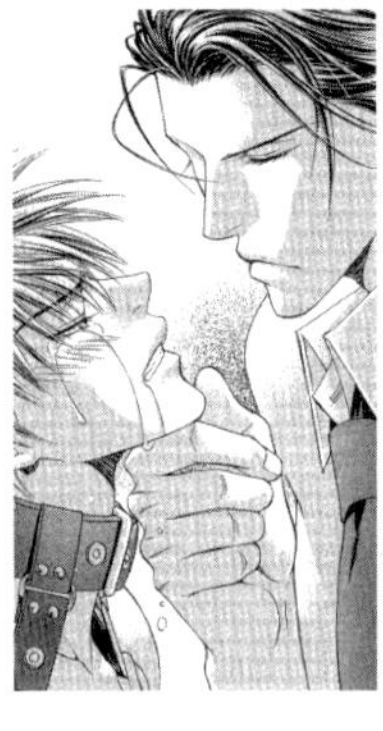

Finder – Im Fadenkreuz

»Vergiss niemals den Schmerz und die Lust, die ich dir bereitet habe!«

Ein paar kompromittierende Fotos führten zur schicksalhaften Begegnung zwischen dem freiberuflichen Fotografen Akihito Takaba und dem smarten und einflussreichen Geschäftsmann Asami, der berühmt-berüchtigten Größe der Unterwelt. Da Asami den Dingen stets auf den Grund geht, will er sich den jungen Störenfried schnappen, um zu erfahren, woher er den entscheidenden Tipp für die Fotos erhalten hat. Doch flink, wie er ist, entkommt Akihito Asami und dessen Schergen zunächst. Aber dadurch wird er für Asami erst richtig interessant. Asami entführt ihn kurzerhand und zeigt ihm eine ganz neue Welt. Während er ihn liebt, spürt er, dass Akihito ein ganz besonders Fang ist und wie sehr er von dessen reinem, unschuldigen Herzen gefangen genommen ist. Akihito hingegen verbindet mit der Begegnung mit Asami, der Akihito gerade noch rechtzeitig retten konnte, bevor aus dem Verrat eines vermeintlichen Freundes noch Schlimmeres wurde, nicht nur bittere Erinnerungen.

Die Blume im Großstadtmoloch

»Du würdest auf mich schießen, Asami …? Um diesen Mann zu beschützen …?«

Aus Sicht von Feilong erfährt man die Vergangenheit des jungen Asami und des jungen Feilong, die zunächst im Dunklen lag. Feilong wuchs nicht bei seinen leiblichen Eltern auf. Sein Ziehvater war das Oberhaupt der Baishe-Mafia, der ein strenges Auge auf ihn und auch auf seinen leiblichen Sohn hatte. Dieser hat stets Feilong bevorzugt, sodass sein Stiefbruder eifersüchtig und mit Argwohn auf ihn blickte.

Bodychase

»Vergiss niemals, dass du ganz allein mir gehörst!«

Nach der Schießerei in der Stadt ermittelt ein Inspektor und will im Zusammenhang mit der Herkunft der Waffe Asami befragen. Bei dem Versuch, mehr über diesen herauszufinden, kommt er in Kontakt mit Akihito. Die beiden beschließen, sich in Asamis Klub Shion genauer umzusehen. Doch dieser weiß über ihre Pläne Bescheid und benutzt Akihito für seine Zwecke. Akihito sträubt sich zunächst, doch gegen Asamis durchdringenden Blick ist er machtlos und gibt sich gemeinsam mit ihm erotischen Freuden hin. Warum kann Akihito Asami nicht widerstehen? Darauf weiß er selbst keine Antwort.

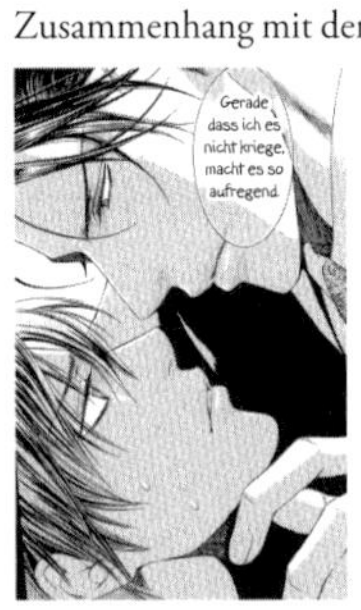

Stattdessen hat er vor, ihn zu seinem persönlichen Spielzeug zu machen, wäre da nicht Asami, der Akihito aus dieser misslichen Lage befreit. Als Asami seine Lippen auf die des ängstlich zitternden Akihito legt, nimmt er zum ersten Mal Worte in den Mund, die Akihito klarmachen sollen, dass er ihm, einzig und allein ihm, gehört.

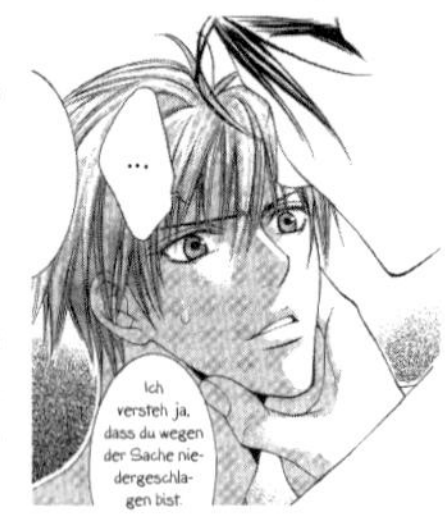

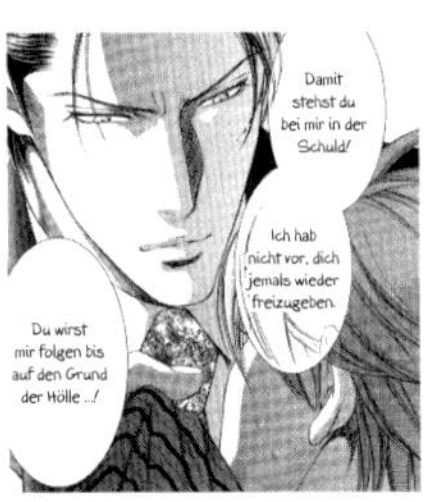

***Naked Truth* (Japan)**

»Ich hab nicht vor, dich jemals wieder freizugeben. Du wirst mir folgen bis auf den Grund der Hölle …!«

Feilong entführt Akihitos Freunde, um ein Druckmittel gegen diesen in der Hand zu haben, denn er will an die Diskette mit den brisanten Daten gelangen. Akihito weiß, dass er allein machtlos ist, und so bittet er Asami um Hilfe. Doch dieser lehnt ab. Mehr noch, er lässt Akihito nach diesem Gespräch gar nicht erst gehen, sondern vergnügt sich lieber eine Nacht lang mit ihm. Ist das etwa der Grund dafür, dass Akihito am nächsten Morgen Feilong Asamis Aufenthaltsort verrät? Feilongs eigentliches Ziel ist es, einen Mafia-Boss zu töten, der ihm geschadet hat, nach Japan geflohen ist und bei Asami Schutz gesucht hat. Er benutzt Akihito und letztlich auch Asami, um sein Vorhaben umzusetzen. Doch Akihitos Freunde kommen unversehrt frei, und auch Asami bleibt unverletzt, nur der geflüchtete Mafia-Boss wird von der Baishe-Mafia tötet. Akihito gesteht Asami, dass er ihn verraten hat, woraufhin Asami eine Reaktion zeigt, die Akihito noch nicht kannte. Er eröffnet ihm, dass er ihn nie wieder freigeben wird.

Als Feilong sich um die Routen für den Drogenschmuggel nach Japan kümmert, begegnet er Asami. Dieses Treffen öffnet ihm die Augen. Er beschließt, auf eigenen Füßen zu stehen. Er wird jedoch in seinen Grundfesten erschüttert, als sein Bruder ihm direkt nach dem Tod ihres Vaters eröffnet, dass Asami für dessen Tod verantwortlich ist. Ist Asami nun Freund oder Feind? Feilong beschließt, Asami zu vertrauen, nur um kurz darauf von einer Kugel getroffen zu werden. Hat etwa Asami auf ihn geschossen …? Seitdem sind sieben Jahre vergangen. Als Feilong an Asami zurückdenkt, kommen in ihm wieder die komplizierten Gefühle von damals hoch.

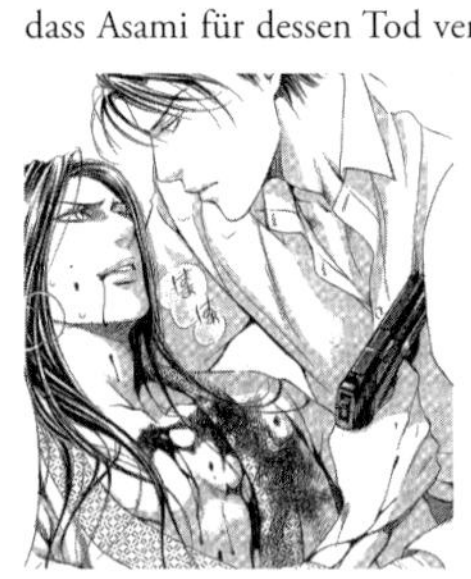

***Naked Truth* (Hongkong)**

»Ich gehe nach Japan zurück … Zurück zu Asami …!«

Mit Akihito als Geisel ist Feilong nach Hongkong zurückgekehrt. Dieser wird eingesperrt, bekommt ein Tattoo der Baishe-Mafia verpasst und muss deren Oberhaupt als Spielzeug dienen. Er denkt häufig an Asami und gibt sich die Schuld dafür, dass dieser angeschossen wurde. Zum ersten Mal wird ihm bewusst, was ihm Asamis Worte bedeuten. Er beschließt, zu fliehen und zu Asami zurückzukehren, wird jedoch von Taos freundlichen Worten über Feilong bekehrt. Außerdem gewinnt er neue Erkenntnisse über Yoh, der Feilongs Mann des Vertrauens ist. In Wahrheit wurde er vor sieben Jahren von Asami als Spion eingeschleust. Nach so vielen Jahren fühlt sich Yoh jedoch zwischen Asami und Feilong hin- und hergerissen. Selbst die verhärteten Fronten zwischen Akihito und Feilong weichen jedes Mal, wenn sie sich näherkommen, mehr auf. Um Akihito zurückzuholen, ist Asami nach Hongkong gereist und schlägt Feilong einen Tauschhandel vor: Akihito gegen Kasinorechte. Feilong willigt ein, und das Nervenspiel um den Austausch beginnt. Akihito wird plötzlich von dunklen Gestalten verschleppt, woraufhin Asami und Feilong sich gegenseitig verdächtigen, die Abmachung gebrochen zu haben. Bei diesem Showdown gewinnt Asami die Oberhand und hält seine Waffe auf Feilong gerichtet …

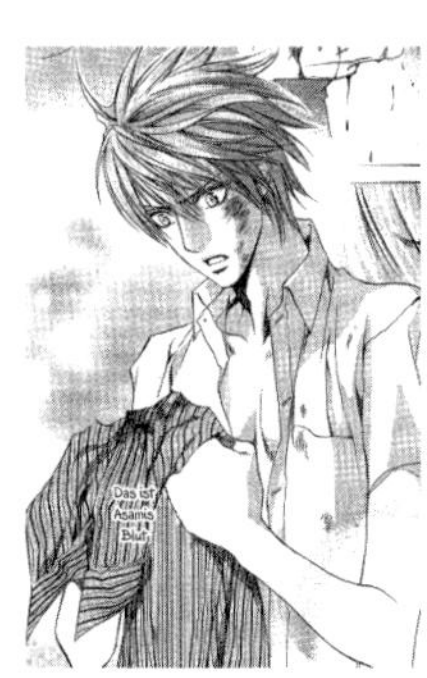

Um seine Schuld zu sühnen, verfolgt Akihito Feilong, wobei er jedoch in dessen Fänge gerät. Feilong ist drauf und dran, auf Akihito zu schießen, doch Asami eilt zu Hilfe. Feilong und Asami schießen aufeinander und werden dabei verwundet, Asami sogar schwer. Feilong fliegt im Helikopter zusammen mit Akihito von dannen und verabschiedet sich von Asami mit den Worten: »Wenn du ihn wiedersehen möchtest, dann komm nach Hongkong.«

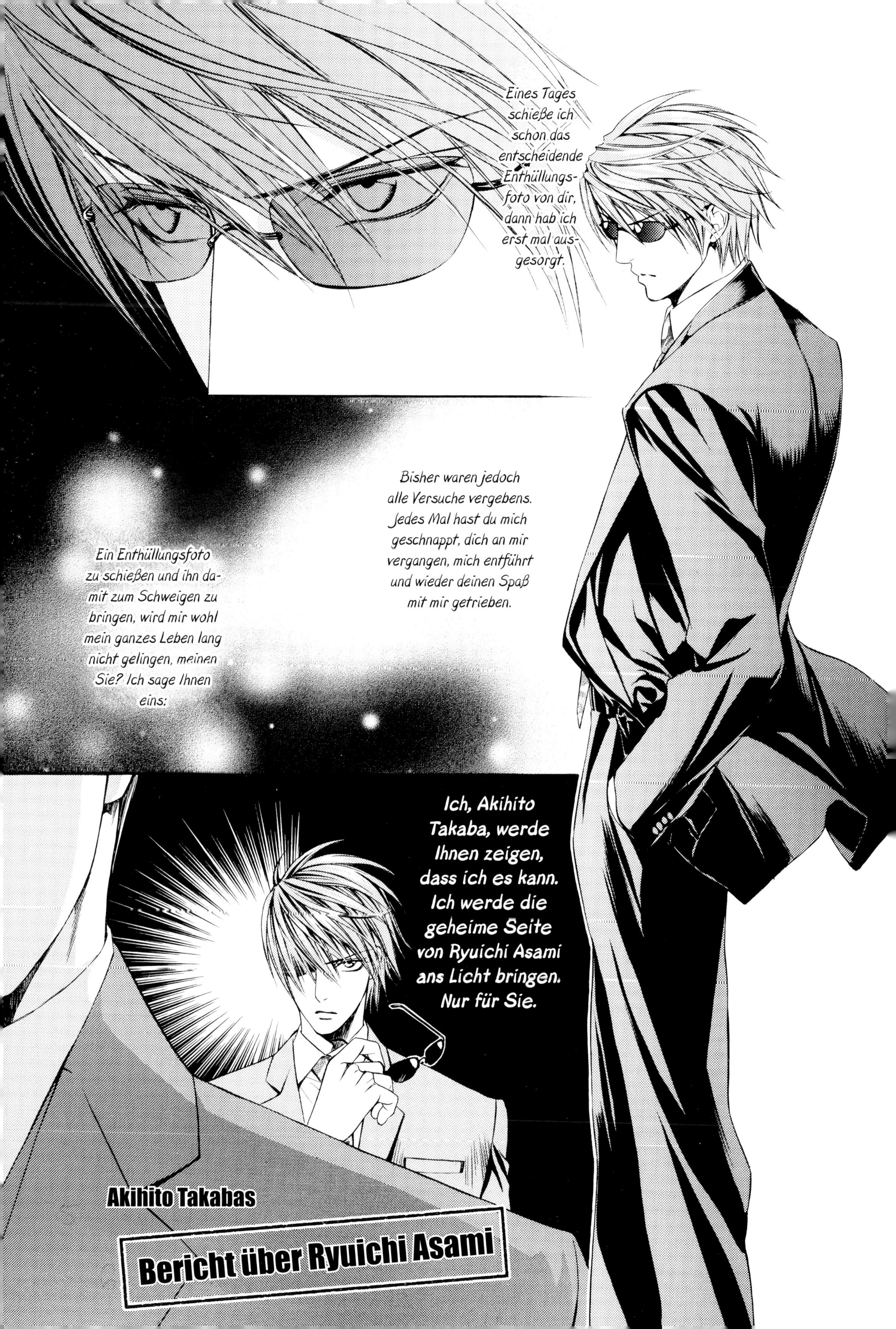
Eines Tages schieße ich schon das entscheidende Enthüllungsfoto von dir, dann hab ich erst mal ausgesorgt.
Bisher waren jedoch alle Versuche vergebens. Jedes Mal hast du mich geschnappt, dich an mir vergangen, mich entführt und wieder deinen Spaß mit mir getrieben.
Ein Enthüllungsfoto zu schießen und ihn damit zum Schweigen zu bringen, wird mir wohl mein ganzes Leben lang nicht gelingen, meinen Sie? Ich sage Ihnen eins:
Ich, Akihito Takaba, werde Ihnen zeigen, dass ich es kann. Ich werde die geheime Seite von Ryuichi Asami ans Licht bringen. Nur für Sie.
Akihito Takabas
Bericht über Ryuichi Asami

Die Situation am ~~Morgen~~ Mittag

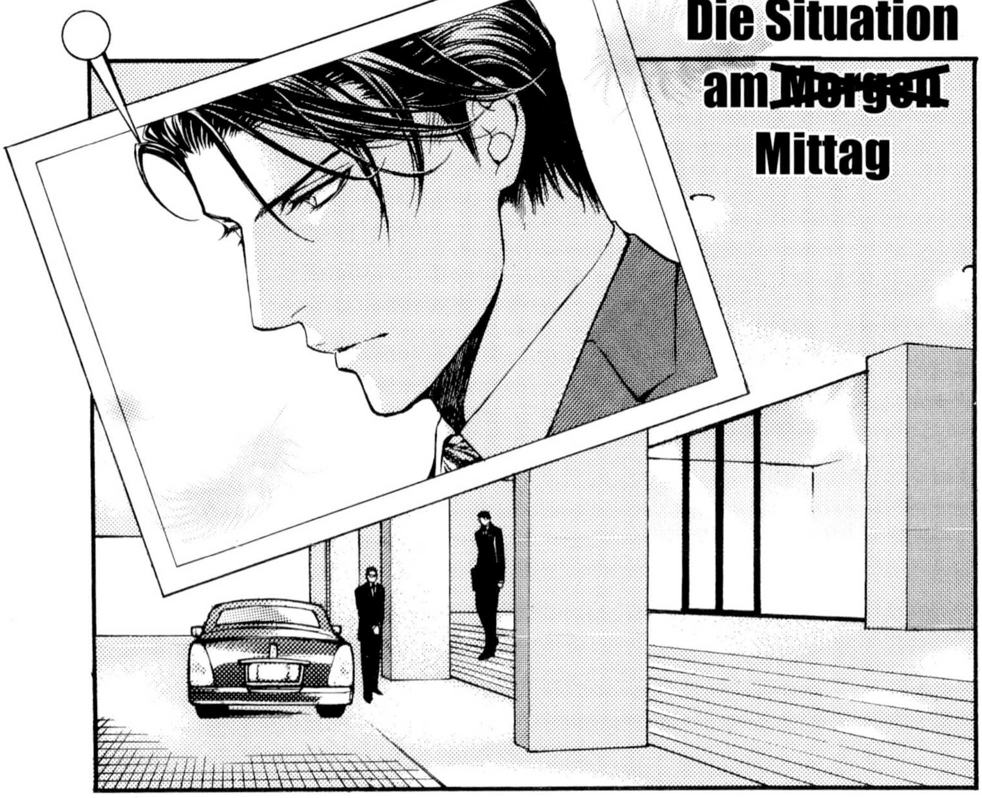

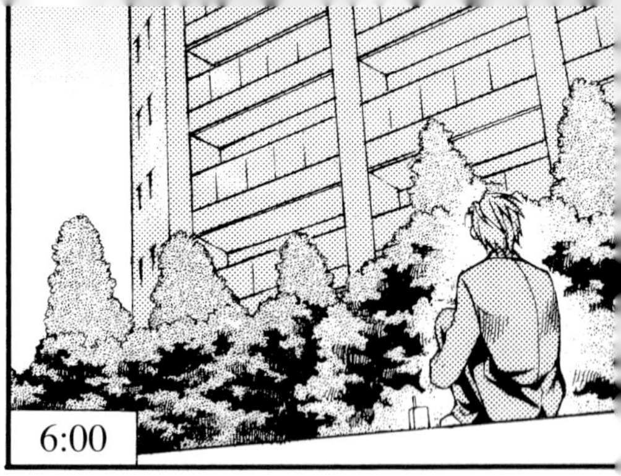

▲ Seit 6 Uhr früh lag ich vor seinem Apartment auf der Lauer und wartete auf ihn. Da mein Zielobjekt ein Nachtmensch ist, hat er um diese Zeit wohl noch tief und fest gesc hlafen.

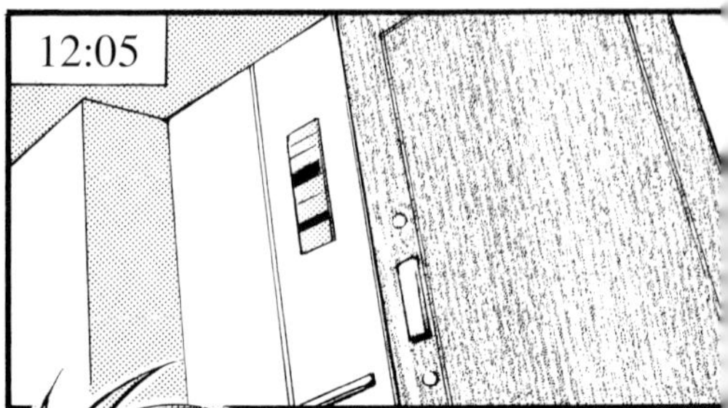

▲ Es war bereits nach 14 Uhr, als er endlich zur Arbeit aufbrach. Der unangenehme Kerl mit der Brille empfing ihn am Wagen.

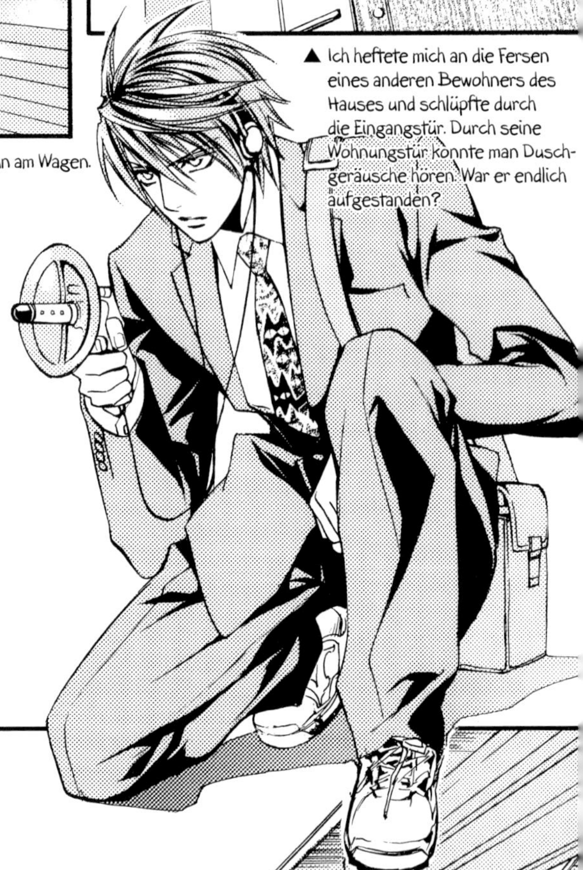

▲ Ich heftete mich an die Fersen eines anderen Bewohners des Hauses und schlüpfte durch die Eingangstür. Durch seine Wohnungstür konnte man Duschgeräusche hören. War er endlich aufgestanden?

Ich folgte meiner inneren Stimme und meinem Instinkt als Fotoreporter. Ich wollte beobachten, wie ein Tag im Leben von Ryuichi Asami aussieht, also verfolgte ich ihn, um gutes Material zu bekommen. Das Ganze fand selbstverständlich ohne die Einwilligung des Beobachteten statt, wäre meine Tarnung also aufgeflogen und ich geschnappt worden, hätte ich mit ernsten Konsequenzen zu rechnen gehabt. Da ich aus meinen Fehlern gelernt habe, hielt ich möglichst großen Abstand. Wenn es jedoch sein musste, begab ich mich auch in die Gefahrenzone, denn ich wollte für meinen Bericht ein lückenloses Bild seines gesamten Tagesablaufes zeichnen.

Getarnt als Angestellter des Restaurants verschaffte ich mir Zutritt. Das heutige Menü bestand aus Reis, Misosuppe, gedünstetem Fisch und mit Dashi* zubereitetem Omelett, klassische japanische Küche also. Leicht verdaulich und magenfreundlich auch für ältere Menschen. So ähnlich stand es zumindest auf der Karte. ▶

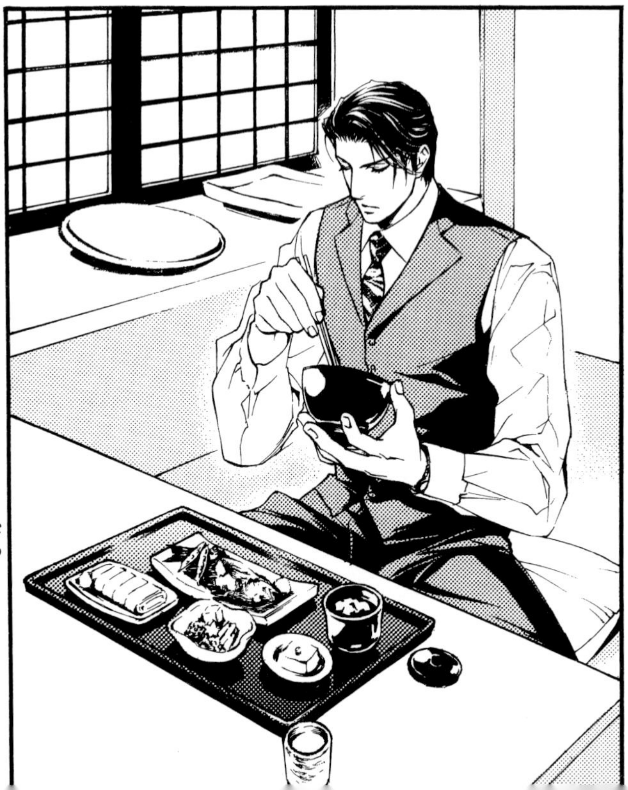

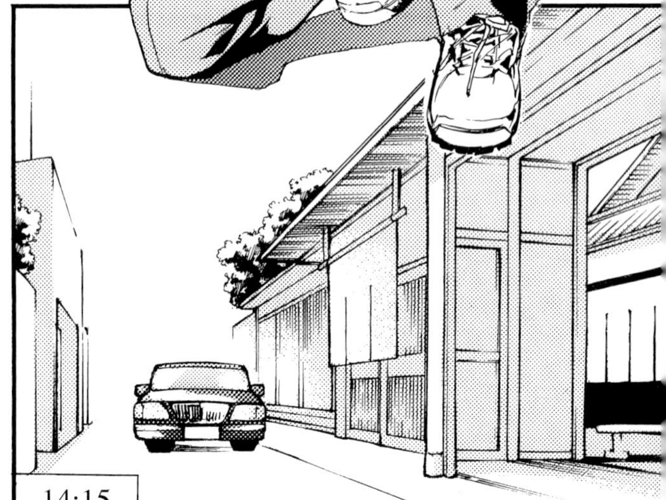

▲ Er betrat ein edles Restaurant im japanischen Stil. Er machte den Eindruck, als würde er immer ein ordentliches Frühstück zu sich nehmen. Apropos, dieses Restaurant hat um diese Uhrzeit normalerweise noch überhaupt nicht geöffnet. Für Asami schienen sie da aber gerne eine Ausnahme zu machen. Was für ein Unterschied zu mir. Ich hatte heute Morgen Brot und etwas Milch.

*klare Brühe

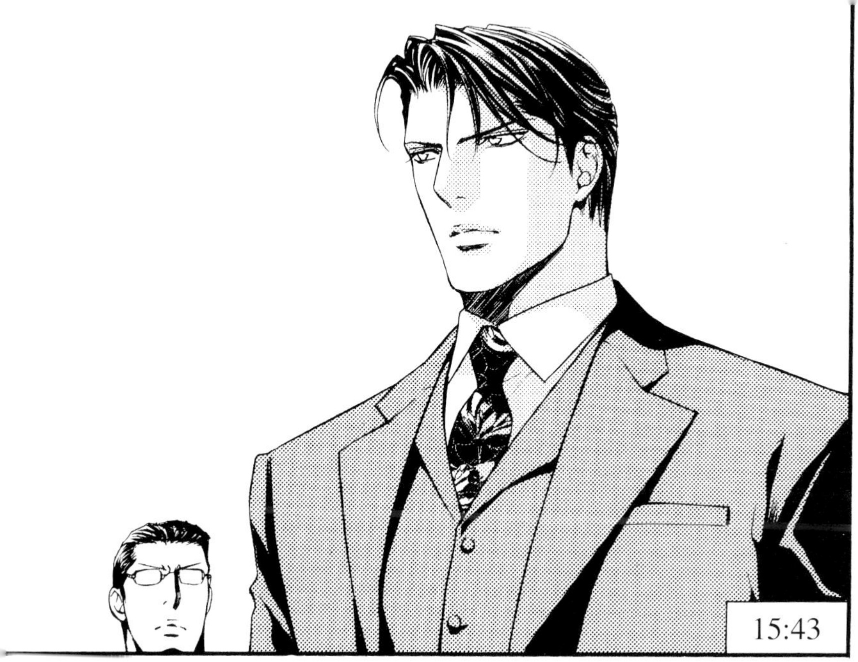

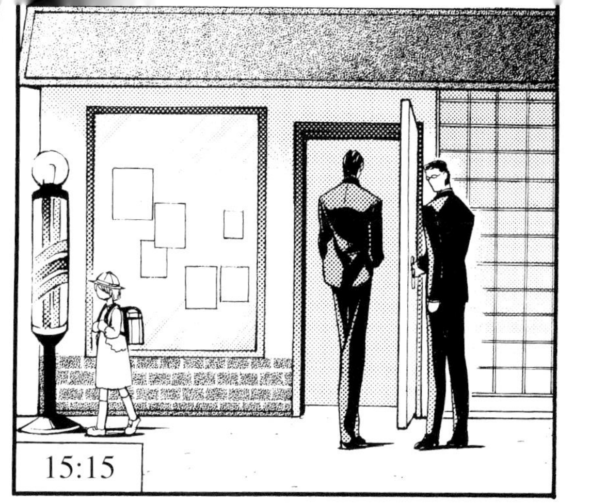

▲ Noch vor Arbeitsantritt besuchte er einen kleinen Friseurladen in einer Seitengasse von Shinjuku. In seiner Position kann er es sich anscheinend leisten, vor der Arbeit gemütlich zu essen und sich die Haare schneiden zu lassen.

◀ Doch beim Verlassen des Ladens war sein Haar unverändert! Er hat sie sich wohl nicht schneiden lassen.

▶ Auf Asamis Anweisung hin lief die Brillenschlange los, um ein neues Eis zu kaufen. Es war der, der sich wegen des beschmutzten Anzugs furchtbar aufgeregt hatte. Na ja, wenigstens scheint Asami ein Herz für Kinder zu haben. Die Geschichte geht ja richtig ans Herz!

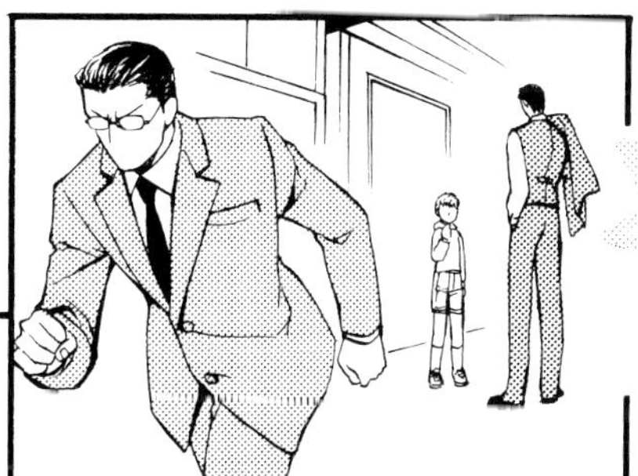

Kaum hatte er den Laden verlassen, ereignete sich ...

... ein Vorfall!

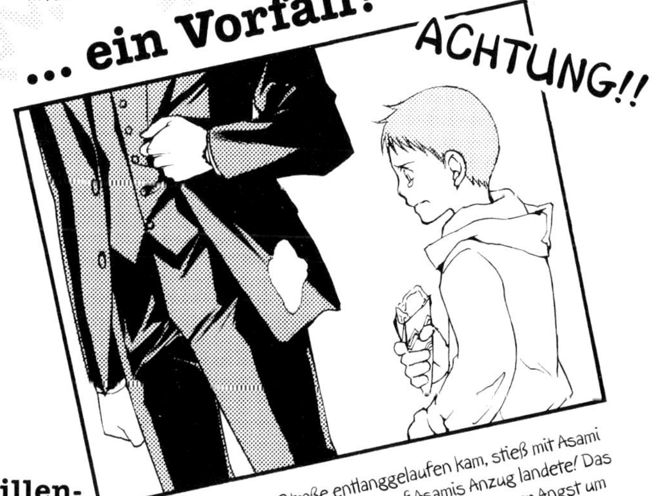

▲ Ein Kind, das die Straße entlanggelaufen kam, stieß mit Asami zusammen, wobei das halbe Eis auf Asamis Anzug landete! Das war doch kein Grund zu weinen! Du hättest besser Angst um dein Leben haben sollen, Junge! Doch Asami schrie den Jungen keineswegs an, er zeigte nicht mal die kleinste Regung.

Brillenschlange in Aufruhr!

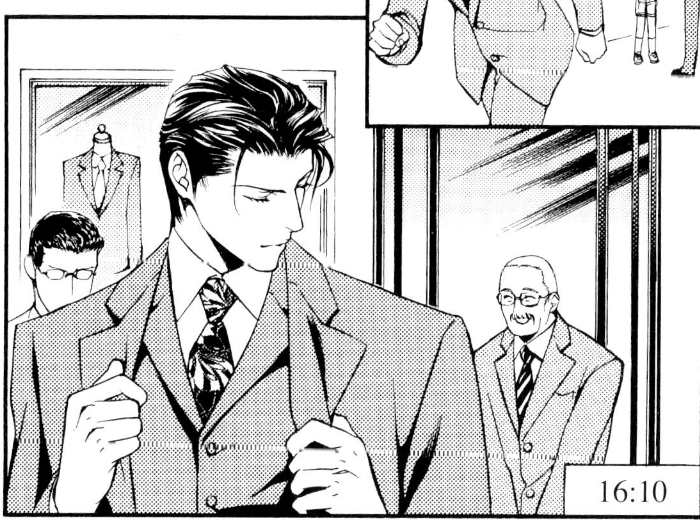

▲ Asami stattete seinem Schneider einen kurzen Besuch ab und verließ den Laden in einem neuen Anzug. Ich sah aber fast keinen Unterschied ... Vielleicht hat der Schneider ja immer einen von Asamis Anzügen auf Lager? Oder gar eine ganze Kollektion, um für Notfälle wie diesen gewappnet zu sein?

Asamis Wagen hielt in der Tiefgarage eines Bürogebäudes in Shinjuku. Hier muss sich also sein Büro befinden. ▶

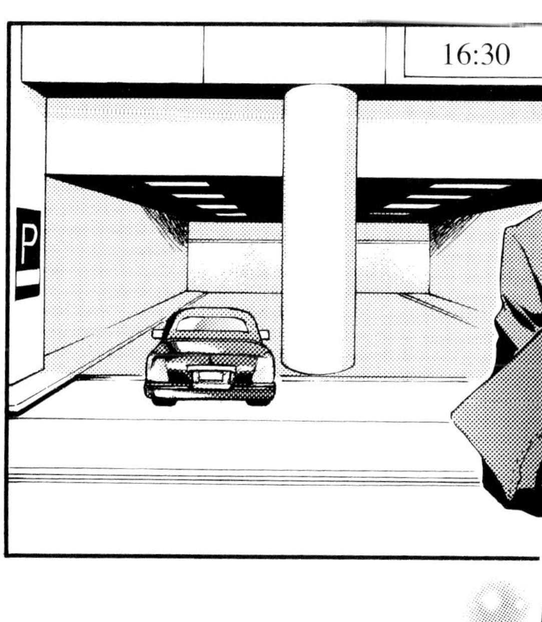

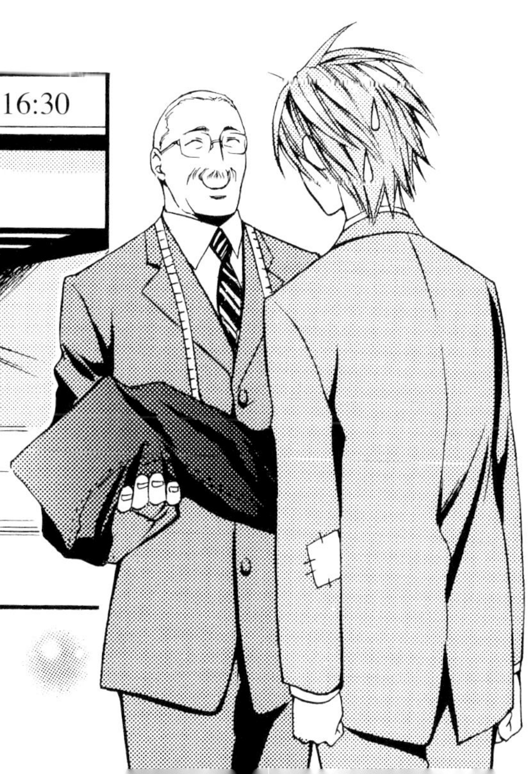

Der Preis meines Anzugs von der Stange dürfte auf jeden Fall zwei Nullen weniger hintendran haben! Für ihn als Geschäftsmann ist sein Anzug eben sein Aushängeschild. Dessen bin ich mir durchaus bewusst, aber ich kann mir eine solche Garderobe beim besten Willen nicht leisten. Na ja, vielleicht irgendwann einmal ...

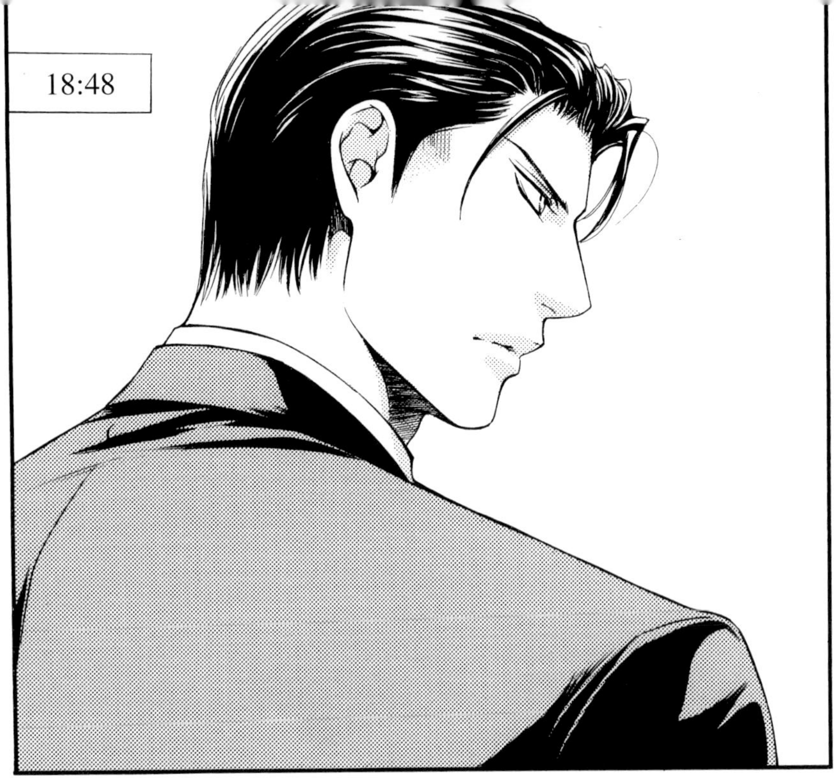

▲ Als Asami sein Büro verließ, wären wir beinahe zusammengestoßen! Er hat mich allerdings nicht wahrgenommen.

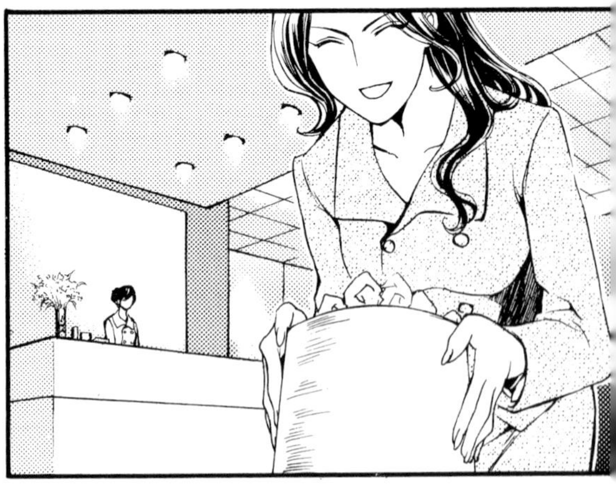

▲ Getarnt als Putzkraft verschaffte ich mir Zutritt, bei der Empfangsdame war allerdings Endstation. Sie ließ mich aber noch den Müll entsorgen. Irgendwo hatte ich sie schon mal gesehen ...

Asami besuchte ein Restaurant, das für mich so aussah, als wäre es gerade erst wiedereröffnet worden. Es musste der Inhaber gewesen sein, der ihn aufs Höflichste hereinbat. ▶

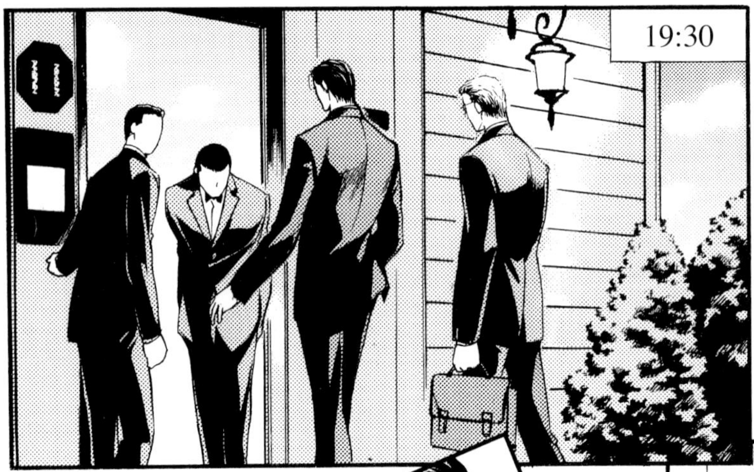

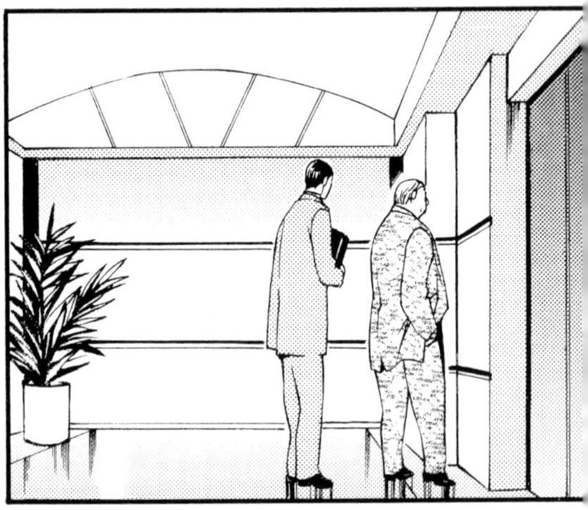

▲ Etwa zwei Stunden lang gingen diverse Leute dort ein und aus. Diese reichen Säcke haben mir dann immer Müll zum Wegräumen vor die Füße geworfen, woraufhin ich ihnen im Stillen die Pest an den Hals gewünscht habe.

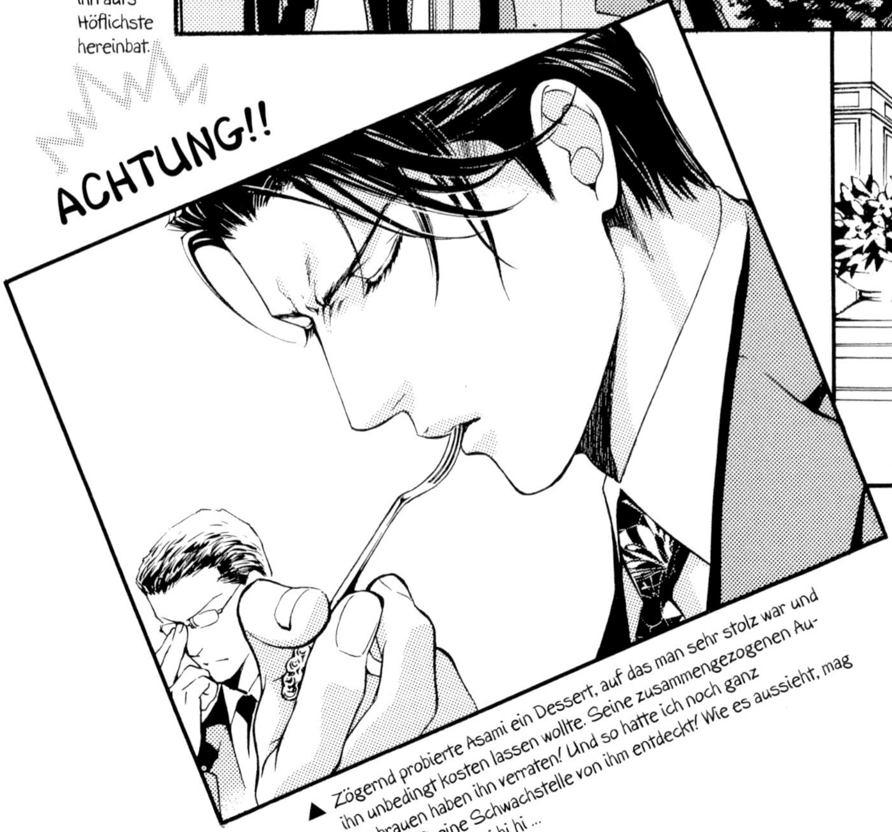

▲ Zögernd probierte Asami ein Dessert, auf das man sehr stolz war und ihn unbedingt kosten lassen wollte. Seine zusammengezogenen Augenbrauen haben ihn verraten! Und so hatte ich noch ganz unverhofft eine Schwachstelle von ihm entdeckt! Wie es aussieht, mag er Süßes nicht. Hi hi hi ...

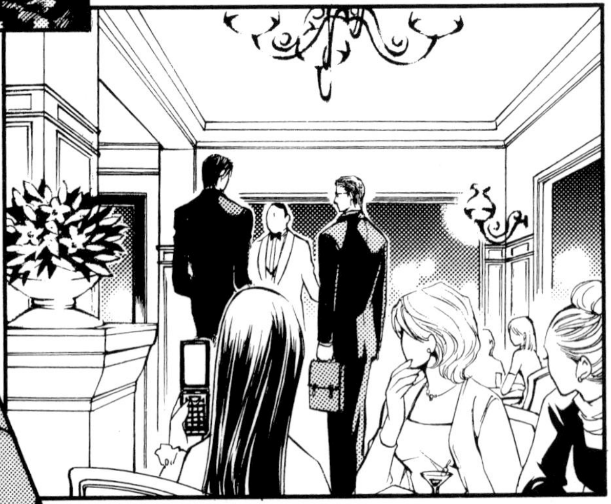

▲ Im Restaurant waren fast ausschließlich Frauen. Es heißt, die Desserts zu den Cocktails genießen dort einen sehr guten Ruf. Allein und als Mann stach ich ziemlich aus der Menge hervor. Aber Asami noch viel mehr. Die Blicke der Frauen klebten an ihm. Dieser verdammte Schönling ... Hey, Missy, pack dein Handy weg und lass das fotografieren. Wer weiß, was er mit dir macht, wenn er's bemerkt!

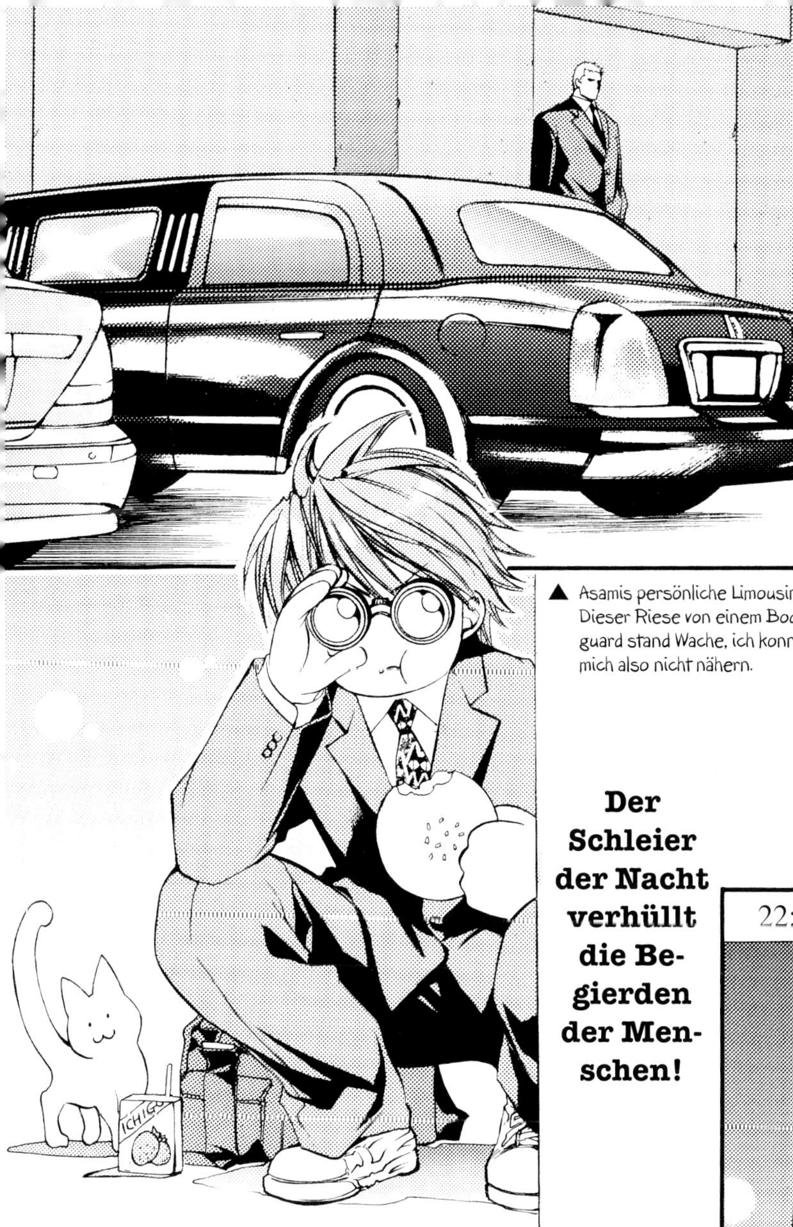

▲ Asamis persönliche Limousine. Dieser Riese von einem Bodyguard stand Wache, ich konnte mich also nicht nähern.

Etwas später am Abend brach Asami zum Klub Shion auf. Da mein Gesicht dort bekannt ist, bin ich ihm nicht gefolgt. Ich entschied mich dazu, draußen zu warten. ▶

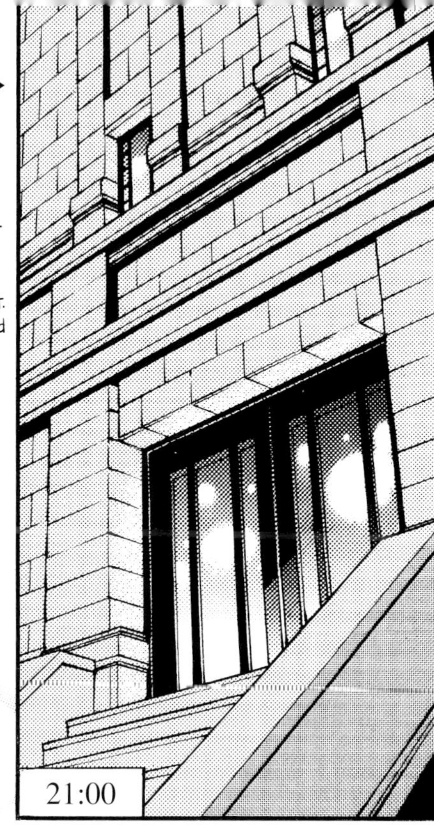

Der Schleier der Nacht verhüllt die Begierden der Menschen!

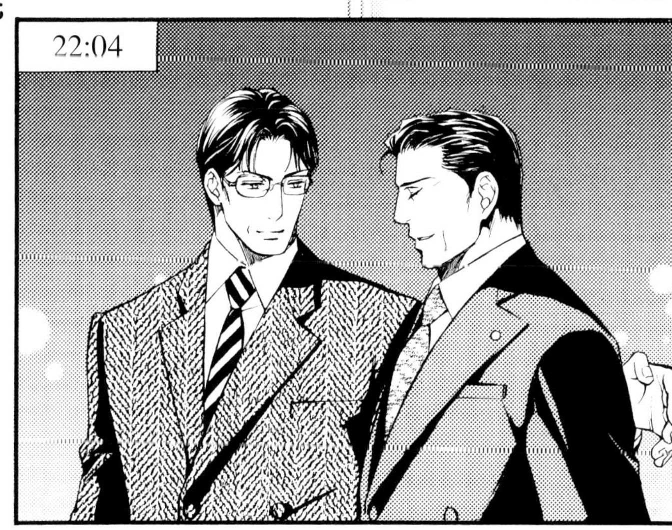

▲ Ein Politiker nach dem anderen und viele reiche Säcke erschienen beim Klub und verschwanden so schnell darin, wie sie aufgetaucht waren.

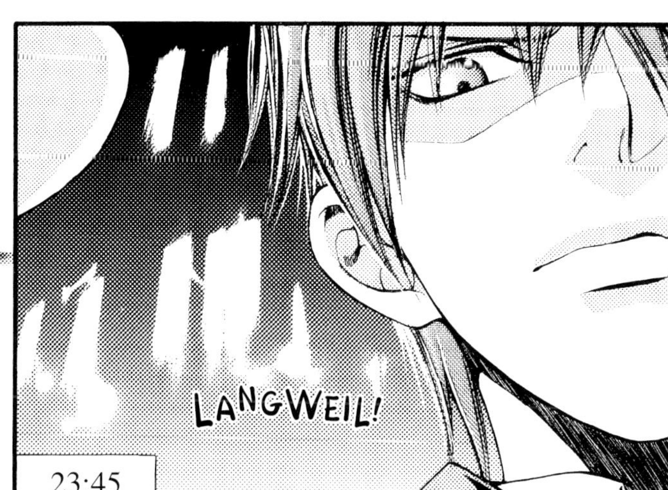

▲ Asami machte keine Anstalten, aus dem Klub herauszukommen. Dafür kontrollierte mich ein Streifenpolizist. Aufgrund der späten Stunde wollte er mich schon nach Hause zu meinen Eltern bringen. Zum Glück konnte ich ihn davon überzeugen, dass ich längst volljährig bin.

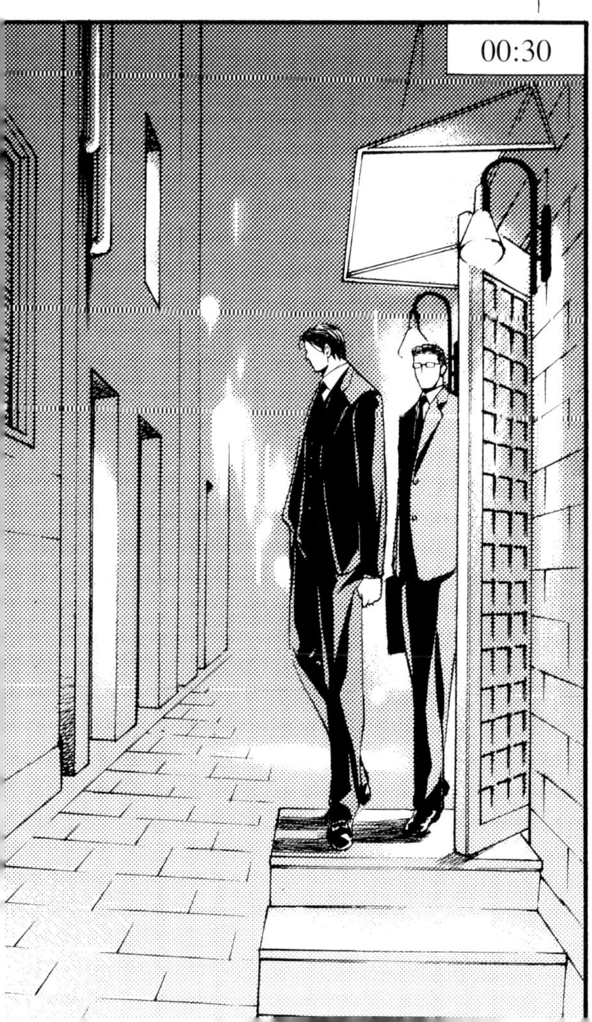

◀ Ich hielt die Warterei nicht mehr aus und war drauf und dran, mir über den Hintereingang Zutritt zu verschaffen, als Asami zufällig dort auftauchte. Das wäre beinahe ins Auge gegangen. Den Hintereingang zu benutzen, kam mir ziemlich verdächtig vor.

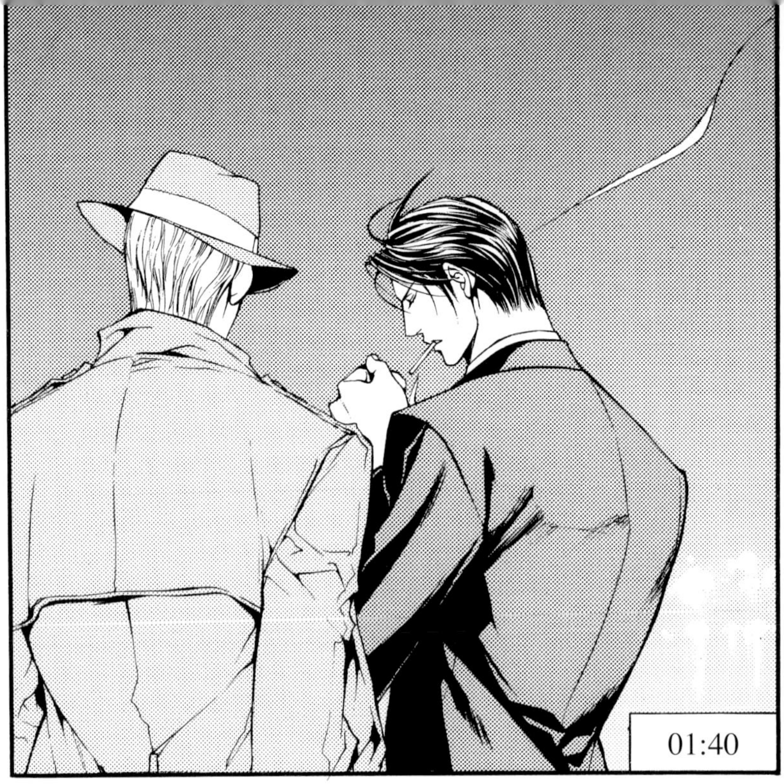

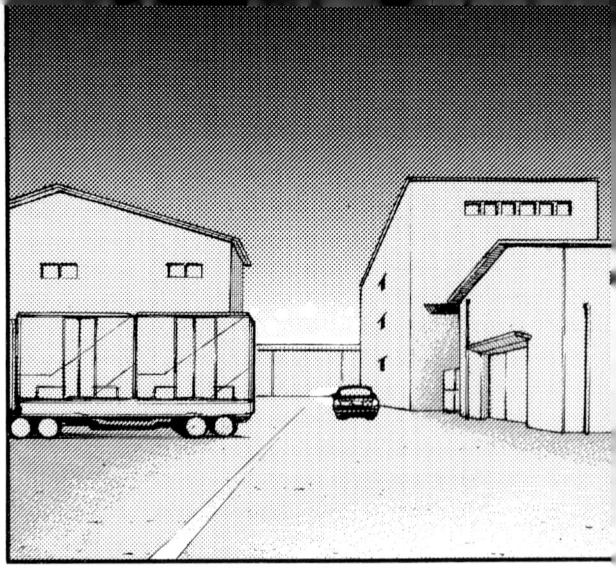

▲ Er stieg in einen Wagen und fuhr zum Hafen. Dort war weit und breit keine Menschenseele zu sehen. Es gab dort nichts als riesige Lagerhallen. Ich wusste, da ist was faul. Oberfaul! Die Szenerie war pures Klischee: Ein Mafia-Boss wartet mitten in der Nacht vor einer Lagerhalle am Hafen. Ich beschloss, meinen Motorroller stehen zu lassen und setzte meine Verfolgung zu Fuß fort.

▲ Es dauerte nicht lange, bis ein verdächtiger Typ auftauchte und sich mit Asami unterhielt. Wie sie so dastanden, passten die beiden Männer sehr gut in die nächtliche Umgebung. Doch wer war der andere? Das Ganze sah nach einem Komplott aus, doch sicher bin ich mir nicht, denn ich hatte mich in 300 Metern Entfernung versteckt und konnte somit ihr Gespräch nicht verfolgen.

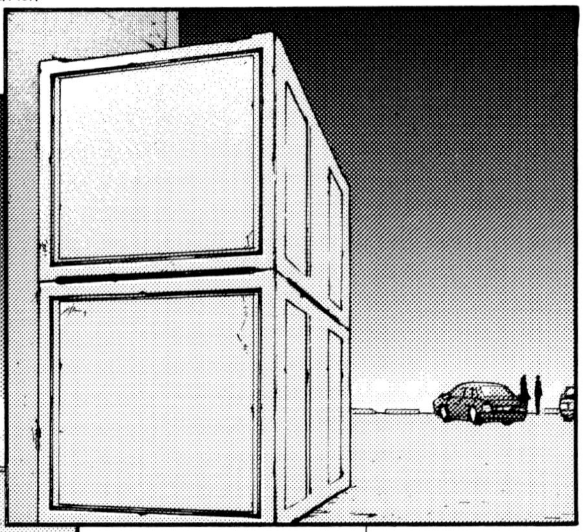

◀ Plötzlich wurde die Stille der Nacht unterbrochen. Man konnte die Stimmen von Männern hören, die miteinander kämpften. Was war da los?

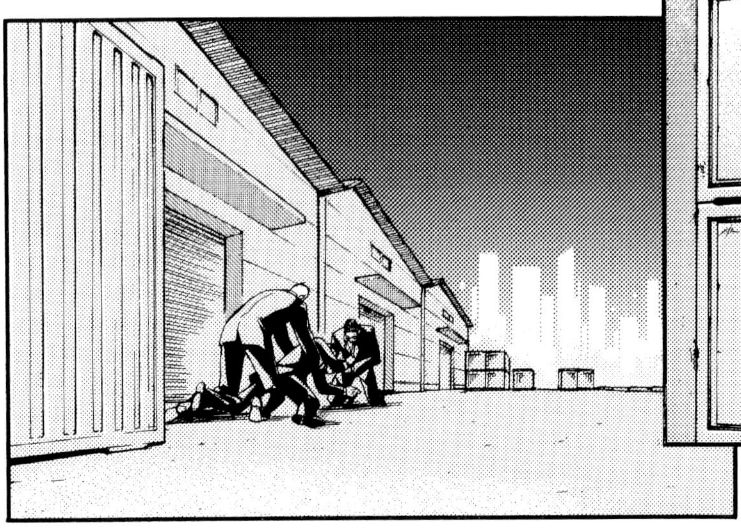

▲ Ich weiß nicht genau, was sich da abgespielt hat, aber ich bekam mit, wie jemand trotz heftiger Gegenwehr gefangen genommen wurde. Asami und den geheimnisvollen Mann ließ das Ganze kalt.

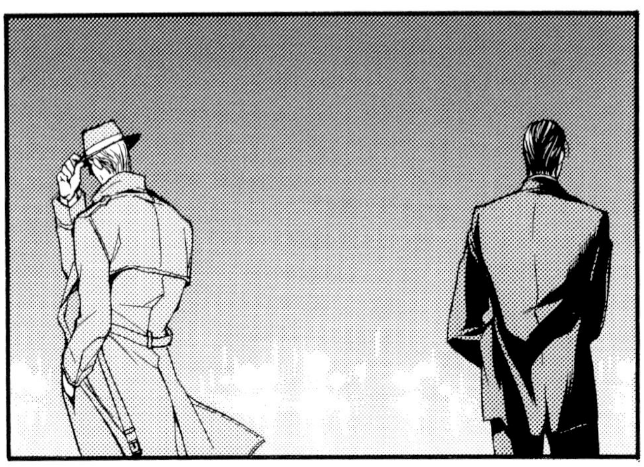

▲ Trotz des Aufruhrs ist es mir nicht entgangen, wie Asami einen braunen Umschlag entgegennahm. Mit Sicherheit war darin eins enthalten: Geld. Dass ich es allerdings verpasst habe, diesen entscheidenden Moment mit der Kamera festzuhalten, sieht mir mal wieder ähnlich.

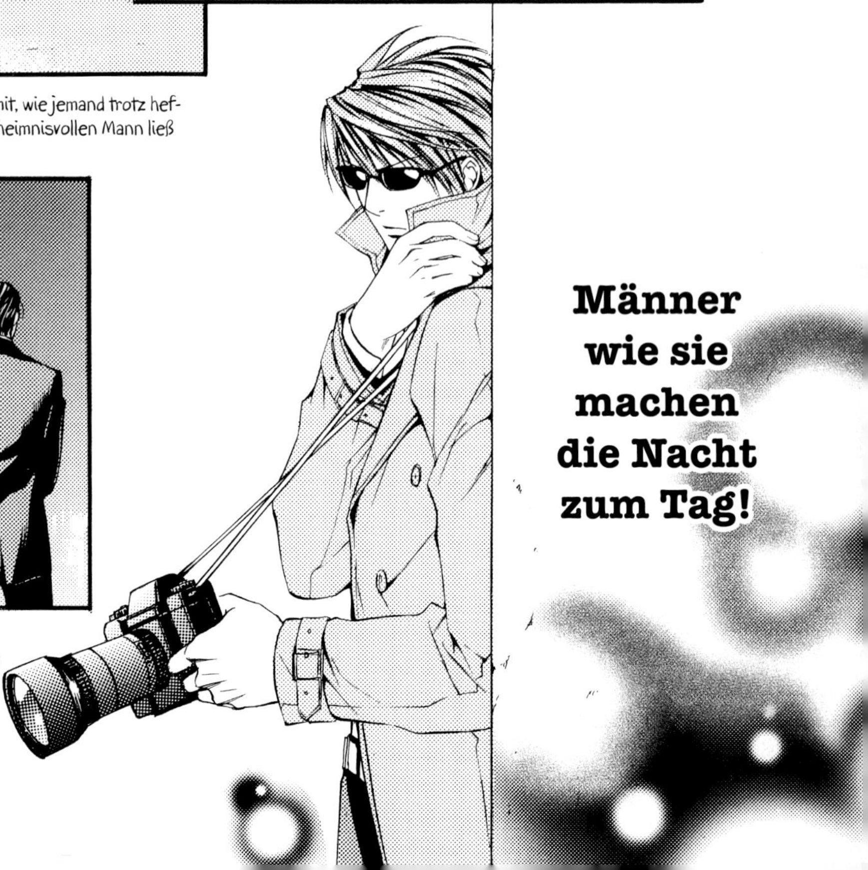

Obwohl es mitten in der Nacht war, ist Asami noch einmal in sein Büro zurückgekehrt. Von einem Büro im gegenüberliegenden Gebäude aus konnte ich jedoch Fotos schießen. Mit wem er da wohl gesprochen hat? Ich habe mich wirklich gefragt, ob er irgendwann auch nach Hause geht.

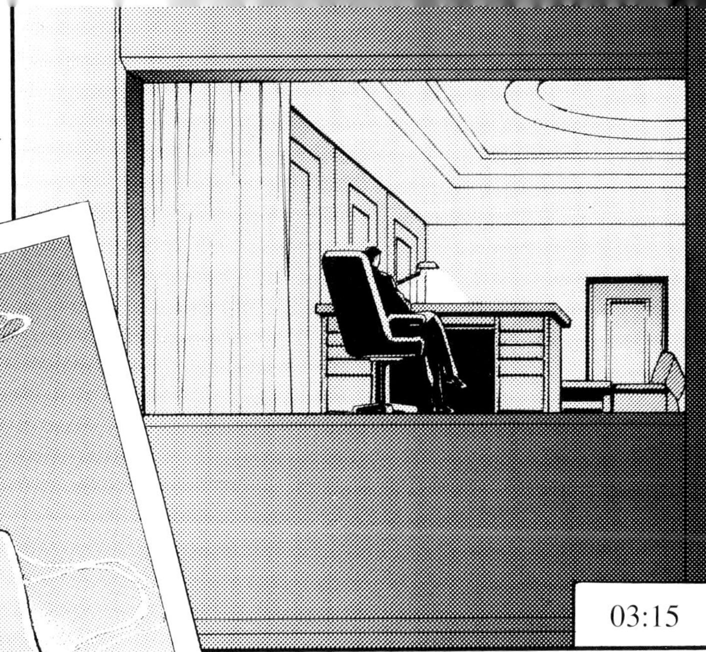

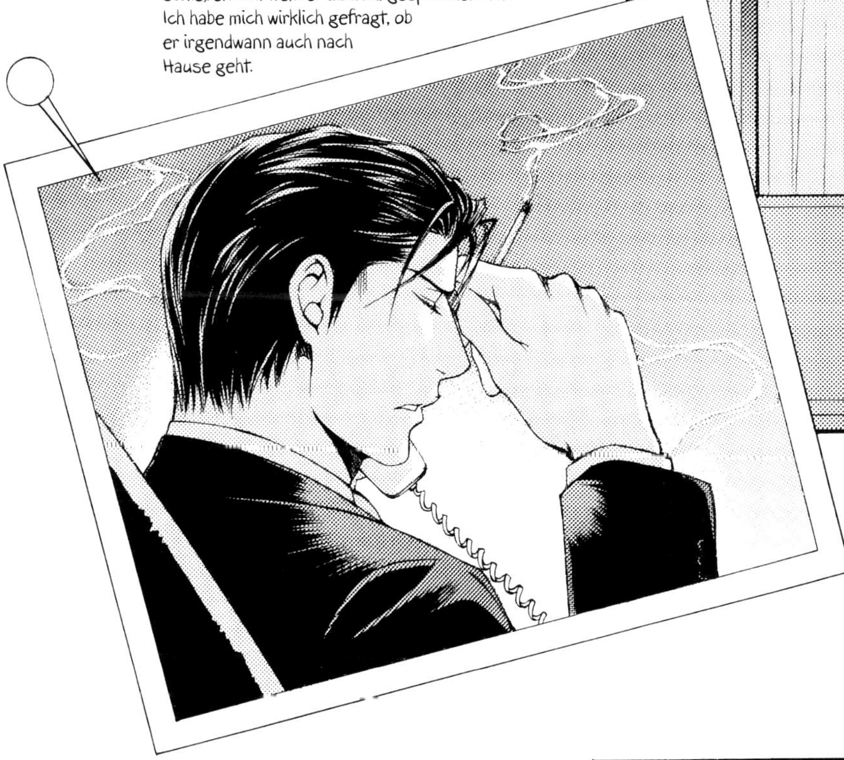

Mittlerweile sah Asami dann doch etwas geschafft aus. Bestimmt hat ihn der Hunger geplagt. Hatte er wirklich den ganzen Tag keine Zeit, etwas zu essen?

Asami wirkte an diesem Tag so manches Mal unheimlich, vor allem musste ich aber feststellen, dass er ein unglaublich beschäftigter Mann war. Jeden Tag bis zum Morgengrauen zu arbeiten, geht nicht spurlos an einem vorbei, da staut sich auf jeden Fall eine Menge Stress an. Meine Kunden haben üblicherweise immer Zeit, nach der Arbeit mit den Kollegen mal was trinken zu gehen und so für etwas Stressabbau zu sorgen. Nur Asami scheint dafür keine Zeit zu haben. Ob jeder Tag bei ihm so aussieht?

Beim nächsten Mal werde ich versuchen, herauszukriegen, ob er auch mal Freizeit hat. Als ich am Abend das Büro verließ, telefonierte Asami immer noch mit mürrischem Gesichtsausdruck. Ich beschloss, für ein letztes Foto zurück zu seiner Wohnung zu fahren und dort auf ihn zu warten.

Im Morgengrauen schwebt verschwommen sein nachdenkliches Gesicht über der Stadt, in der noch alles schläft.

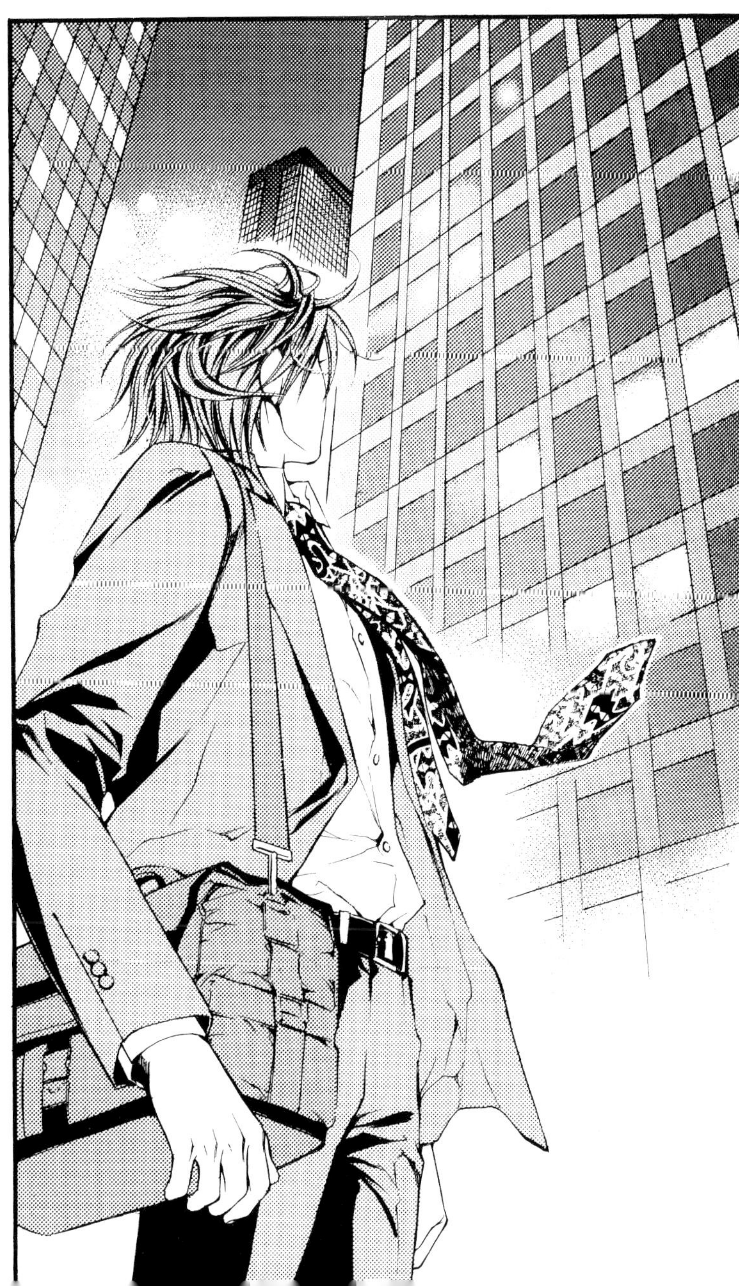

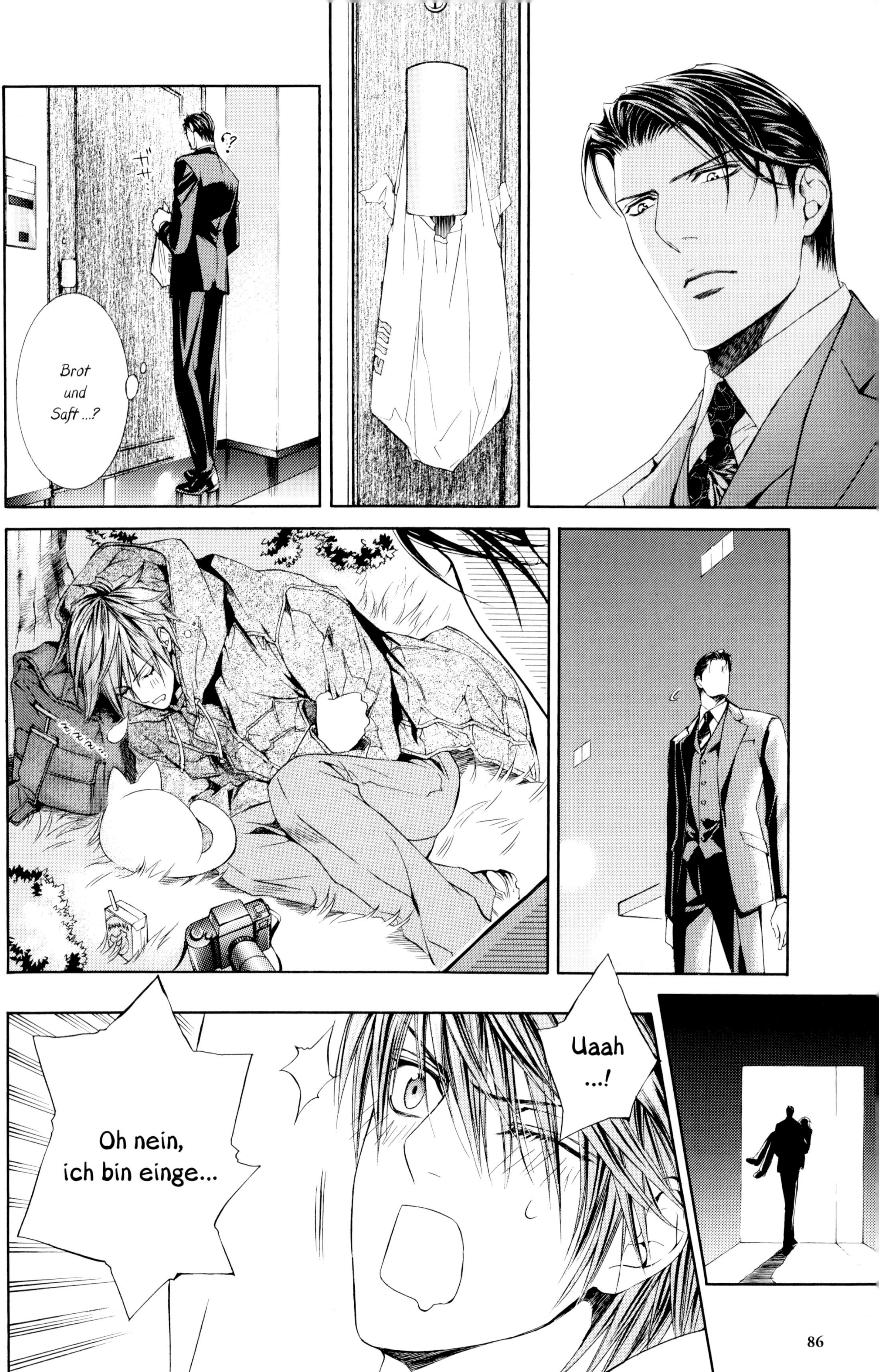
?
Brot und Saft ...?
Uaah ...!
Oh nein, ich bin einge...

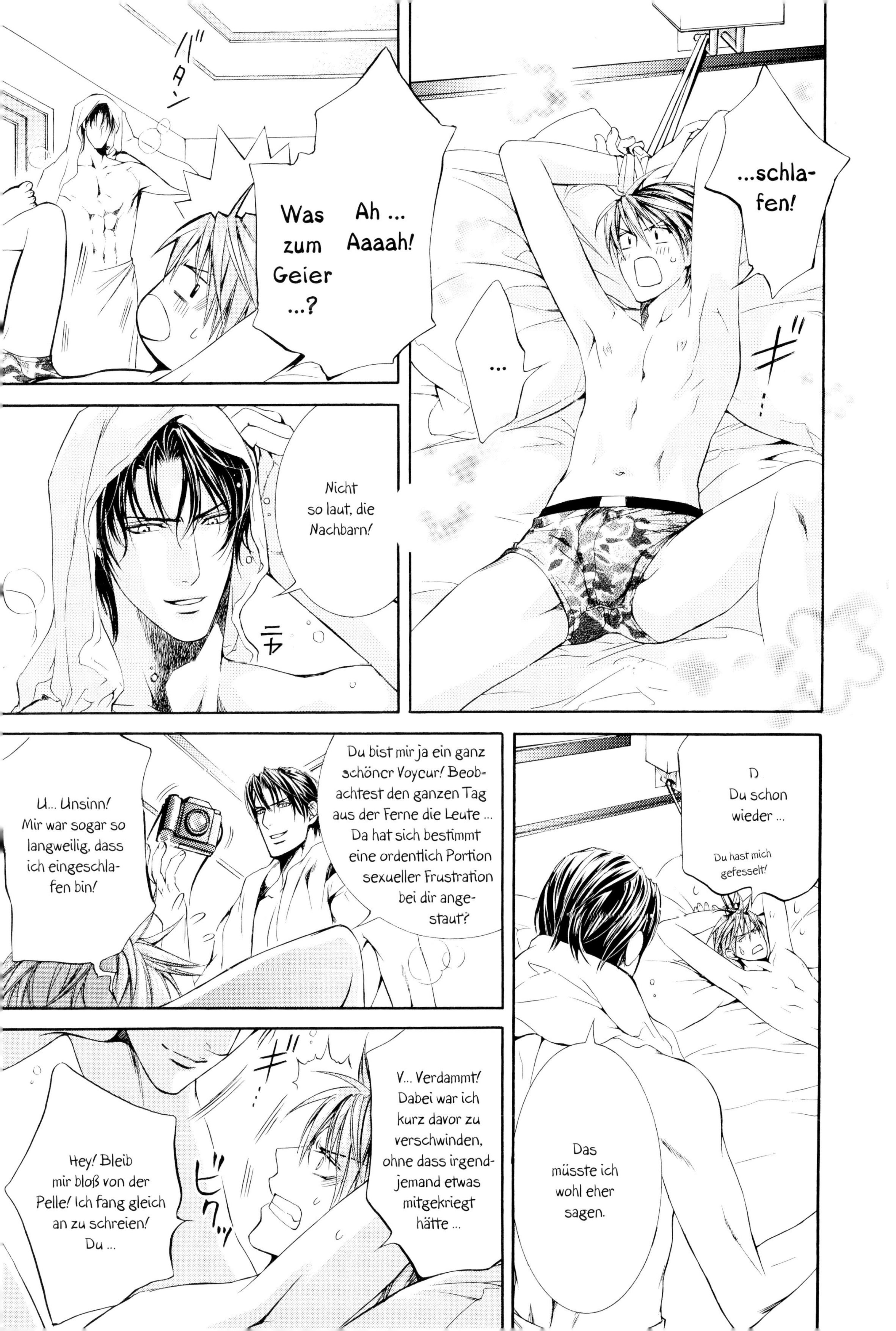

...schla-fen!
...
Ah ... Aaaah!
Was zum Geier ...?
Nicht so laut, die Nachbarn!
D. Du schon wieder ...
Du hast mich gefesselt!
Du bist mir ja ein ganz schöner Voyeur! Beobachtest den ganzen Tag aus der Ferne die Leute ... Da hat sich bestimmt eine ordentlich Portion sexueller Frustration bei dir angestaut?
U... Unsinn! Mir war sogar so langweilig, dass ich eingeschlafen bin!
Das müsste ich wohl eher sagen.
V... Verdammt! Dabei war ich kurz davor zu verschwinden, ohne dass irgendjemand etwas mitgekriegt hätte ...
Hey! Bleib mir bloß von der Pelle! Ich fang gleich an zu schreien! Du ...

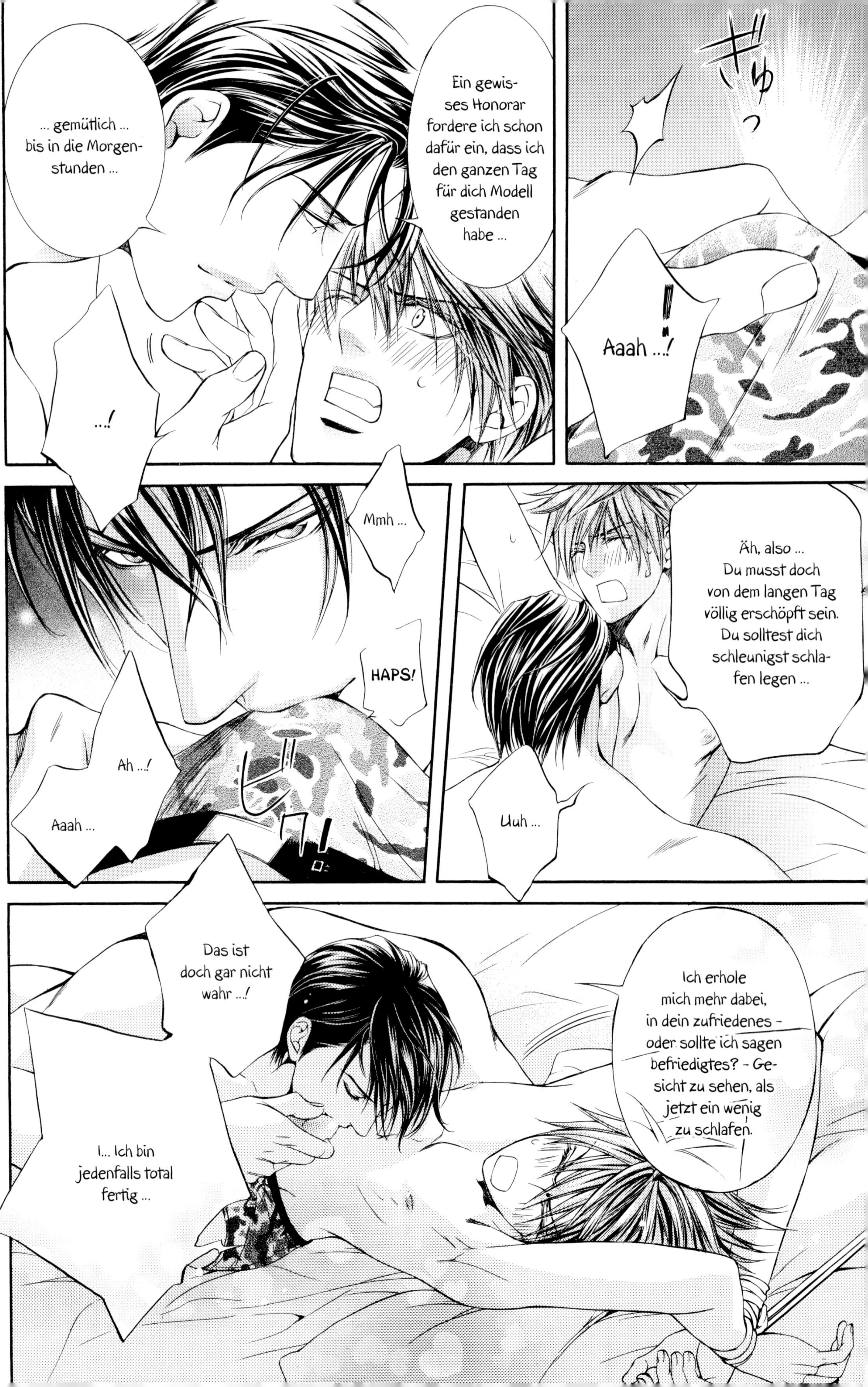

Aaah ...!
Ein gewisses Honorar fordere ich schon dafür ein, dass ich den ganzen Tag für dich Modell gestanden habe ...
... gemütlich ... bis in die Morgenstunden ...
...!
Äh, also ... Du musst doch von dem langen Tag völlig erschöpft sein. Du solltest dich schleunigst schlafen legen ...
Uuh ...
Mmh ...
HAPS!
Ah ...!
Aaah ...
Ich erhole mich mehr dabei, in dein zufriedenes - oder sollte ich sagen befriedigtes? - Gesicht zu sehen, als jetzt ein wenig zu schlafen.
Das ist doch gar nicht wahr ...!
I... Ich bin jedenfalls total fertig ...

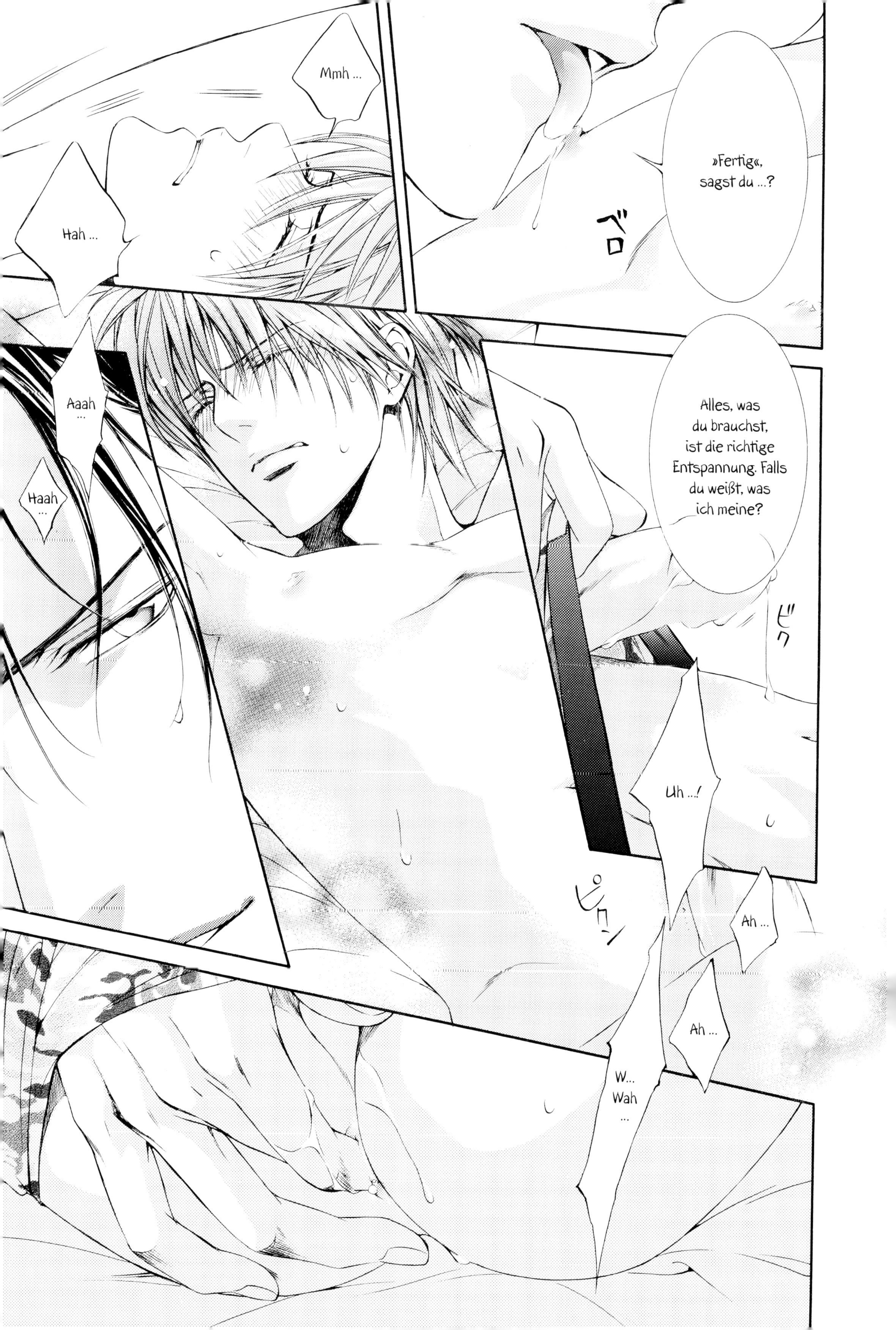
»Fertig«, sagst du …?
ベロ
Mmh …
Hah …
Alles, was du brauchst, ist die richtige Entspannung. Falls du weißt, was ich meine?
ビク
Aaah …
Haah …
Uh …!
ピクン
Ah …
Ah …
W… Wah …

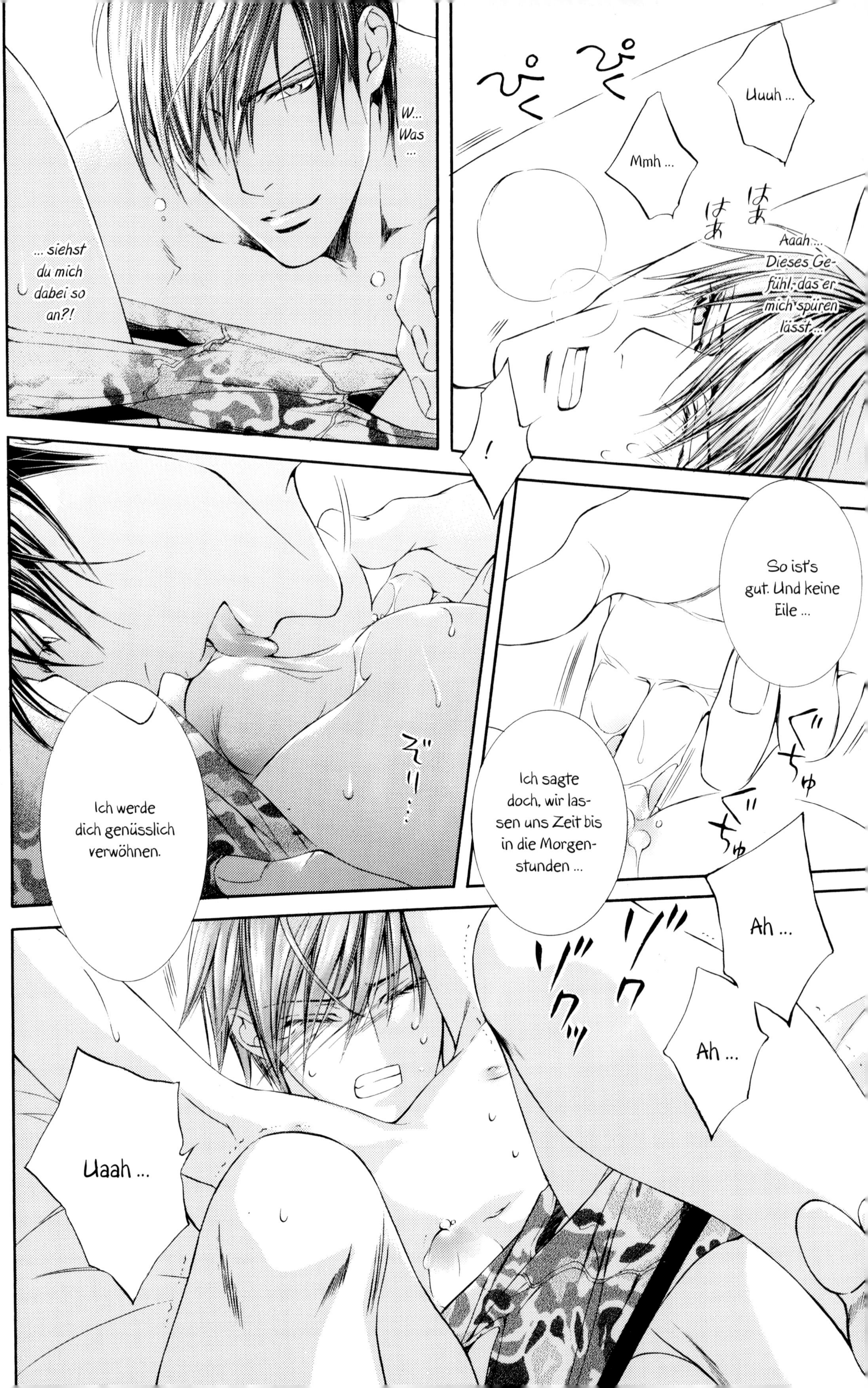
ぴく ぴく
Uuuh ...
Mmh ...
はぁ はぁ
Aaah ... Dieses Gefühl, das er mich spüren lässt ...
W... Was ...
... siehst du mich dabei so an?!
!
So ist's gut. Und keine Eile ...
ぐちゅ ぐちゅ
Ich sagte doch, wir lassen uns Zeit bis in die Morgenstunden ...
ぞくり…
Ich werde dich genüsslich verwöhnen.
Ah ...
Ah ...
ゾク ゾクッ
Uaah ...

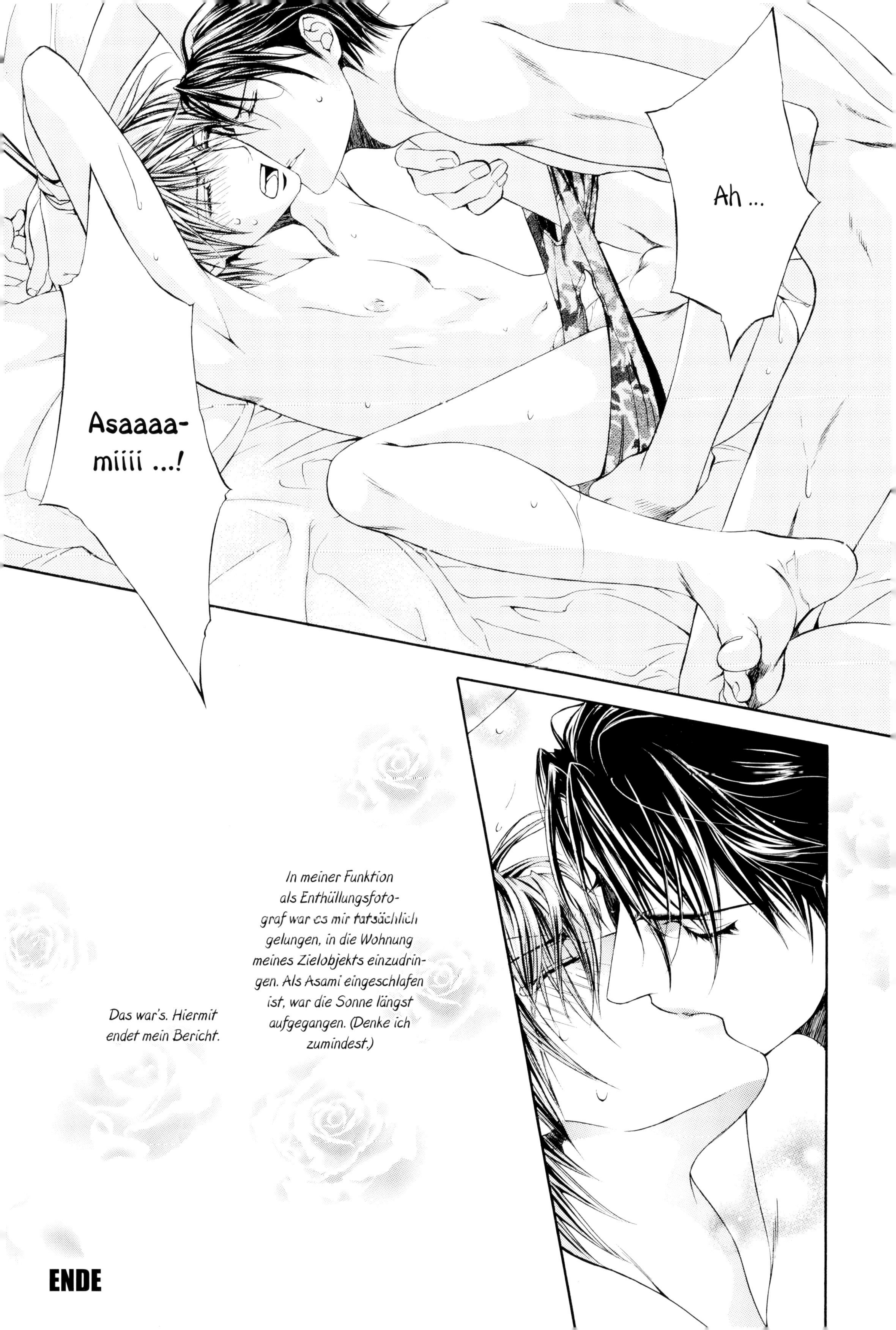
Ah ...
Asaaaa-miiii ...!
In meiner Funktion als Enthüllungsfotograf war es mir tatsächlich gelungen, in die Wohnung meines Zielobjekts einzudringen. Als Asami eingeschlafen ist, war die Sonne längst aufgegangen. (Denke ich zumindest.)
Das war's. Hiermit endet mein Bericht.
ENDE

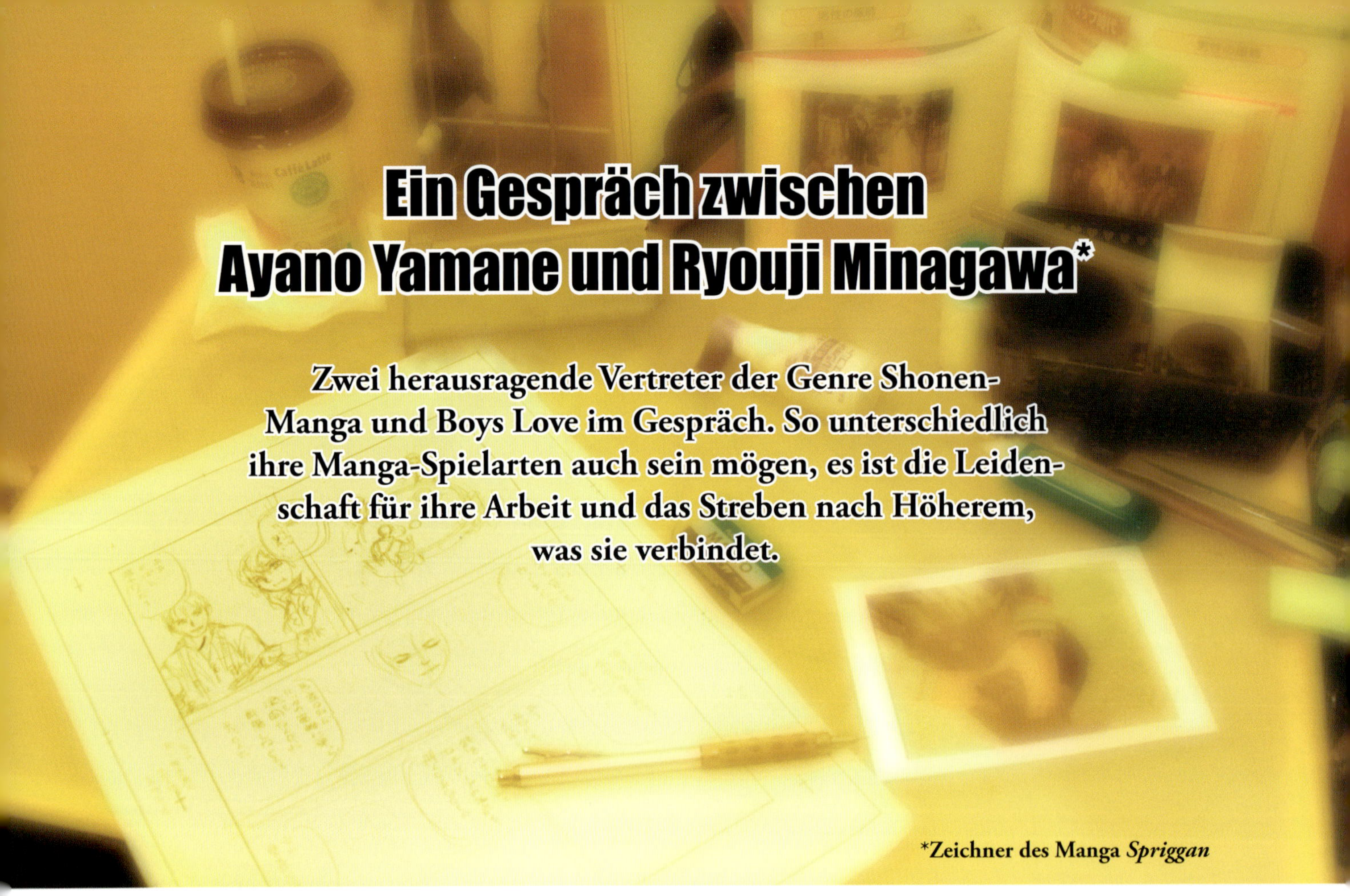

Ein Gespräch zwischen Ayano Yamane und Ryouji Minagawa*

Zwei herausragende Vertreter der Genre Shonen-Manga und Boys Love im Gespräch. So unterschiedlich ihre Manga-Spielarten auch sein mögen, es ist die Leidenschaft für ihre Arbeit und das Streben nach Höherem, was sie verbindet.

Zeichner des Manga *Spriggan

Fangen wir ganz einfach an … Wie haben Sie sich kennengelernt?

Minagawa: Ein gemeinsamer Freund hat uns vorgestellt.

Sind Sie mit den Werken des anderen vertraut?

Minagawa: Natürlich!

Yamane: Sie haben meine Werke also gelesen? (*lacht*) Bitte entschuldigen Sie, dass Sie sich durch so viele heftige Szenen kämpfen mussten. (*lächelt beschämt*) Ich bin jedenfalls ein Fan Ihrer Arbeit seit der Zeit, als Sie *Arms* (Anm.1) gemacht haben. Ich sehe mich also immer nach Ihren Werken um!

Minagawa: Die Zeichnungen von Ayano Yamane sind ganz ohne Frage auf einem sehr hohen Niveau, und das ist längst noch nicht alles. Sie arbeitet immer ein überzeugendes Setting aus, die Geschichten sind hervorragend recherchiert und die Charaktere zeichnen sich durch ihre großartige Individualität aus. Ihre Manga könnten bestimmt bei jedem Publikum Anklang finden … Doch warum müssen die Charaktere aus heiterem Himmel immer miteinander rummachen? Das kapiere ich irgendwie nicht. (*lacht*) Ihre Geschichten sind ja wirklich interessant, aber wieso sind da immer Männer mit Männern zugange? (*grinst*) Dennoch muss ich sagen, dass Ihre klare, hübsche Linienführung absolut beneidenswert ist. Ich selbst hadere nämlich immer mit meinen unsauberen Linien. Würden Sie vielleicht in Zukunft das Hinzufügen der Highlights in meinen Mangas übernehmen? (*lacht*)

Yamane: Okay, ich komme demnächst mal vorbei und übernehme das Setzen der Highlights für Sie! (*lacht*)

Minagawa: Glänzendes, langes und wallendes Haar … Wenn in Zukunft in meinen Geschichten dann auch plötzlich solche Kerle vom Kaliber eines Feilong auftauchen … das wird was! Wie die herausstechen würden. Das dürfte regelrecht für Aufsehen sorgen! (*lacht*)

Frau Yamane, Sie erwähnten, Sie seien ein großer Fan von Herrn Minagawas Werken?

Yamane: Eine Freundin hat mir früher mal *Arms* zum Lesen da gelassen, mit den Worten: »Guck dir das mal an, das ist echt interessant!« Ich habe es also gelesen und war sofort begeisterter Fan. Herr Minagawa, Ihre Geschichten haben einfach etwas Faszinierendes an sich. Als Erstes sind mir allerdings Ihre Zeichnungen aufgefallen. Die sind genau mein Ding! Als ich das Gesicht von Ryo (Anm. 2) zum ersten Mal gesehen habe, war ich sofort hin und weg! Das war Liebe auf den ersten Blick!

Minagawa: Ui, ernsthaft?

Sie haben Ihren Schreibtisch mit einer Farb-Illustration von Herrn Minagawa dekoriert, nicht wahr?

Yamane: Das stimmt. Ich habe dort eine Zeichnung von Keith Green (Anm. 3) aufgestellt, die Herr Minagawa mir gemalt hat.

Minagawa: Nicht doch, da werde ich ja ganz rot!

Yamane: Anfangs fand ich Green ja eigentlich unsympathisch, aber er hat im Laufe der Zeit so viel durchgemacht, dass man ihn letztendlich einfach nicht hassen kann. Das liegt nicht zuletzt daran, weil er so scharf ist, dass man sich einfach in ihn verlieben muss!

Minagawa: Ah, jetzt wird mir einiges klar! (*lacht*)

Yamane: Tut mir leid, aber was das Manga-Lesen angeht, so bin ich eben tief in mir drinnen ein verruchtes, unanständiges Mädchen!

Minagawa: Das macht doch nichts, ich freue mich sehr, dass Sie die Geschichte gelesen haben und die Figur so sehr mochten.

Yamane: In Ihren Werken gibt es immer wieder Charaktere, die einen unwiderstehlichen Sexappeal haben. Ich meine Charaktere, die so heiß sind, dass sie auf weibliche Leser eine echte Faszination ausüben!

Ist das eine bewusster Entscheidung, einen solchen »heißen« Charakter zu erschaffen?

Minagawa: Überhaupt nicht. Alles, was ich versuche, ist, in einem bewährten Stil zu zeichnen, den man fast als retro bezeichnen könnte. Das Grundthema lautet: Kumpels, die durch dick und dünn gehen.

Yamane: Ja, verstehe. Dass ich die Charaktere so sexy finde, liegt wahrscheinlich bloß an mir. (*lacht*)

Minagawa: Nein, nein, ich bin mir ja durchaus bewusst, wie gewisse Charaktere auf die Leser da draußen wirken können. (*lacht*) Am Anfang fand ich das noch ein wenig befremdlich, aber ich sträube mich dagegen auch nicht. Sobald ein Manga in den Besitz eines Lesers übergeht, »gehört« er schließlich ihm. Ich freue mich, wenn meine Werke gelesen werden. Und natürlich, dass sie gekauft werden. (*lacht*)

Yamane: Unter den Charakteren, die Sie zeichnen, sind wirklich viele faszinierende Männer … Da fällt mir ein, so komisch das auch klingen mag, aber die Fahrzeuge in *D-LIVE!!* (Anm. 4) sind für mich auch irgendwie heiß! (*lacht*)

Minagawa: Die Fahrzeuge in dem Manga sind in der Tat so etwas wie lebendige Charaktere. Ich habe die Hauptfigur ja auch so gestaltet, dass sie in ihnen Dinge sieht, die lebendig sind.

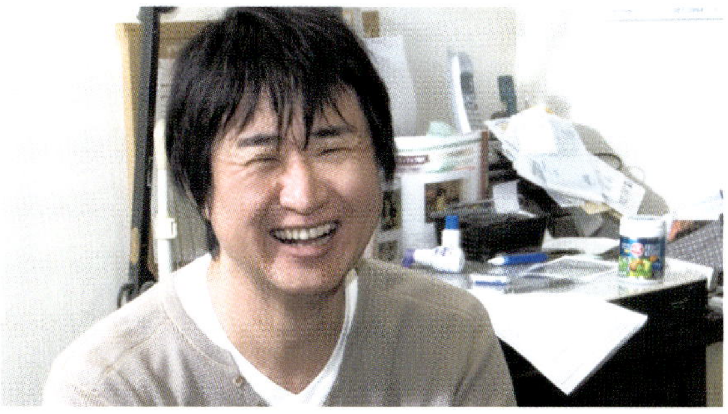

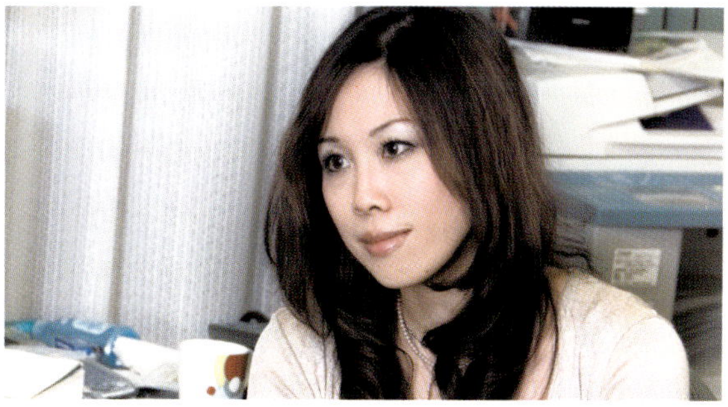

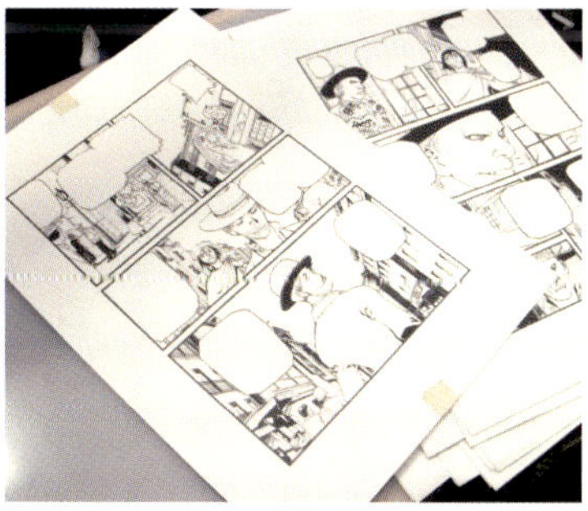

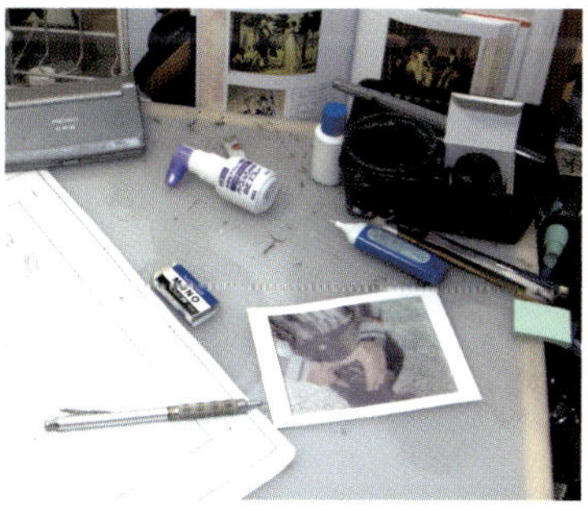

Ein Gespräch zwischen Ayano Yamane und Ryouji Minagawa

Yamane: Als Ikaruga (Anm. 5) sich mit dem Motorrad vereint hatte und es zerstört wurde, hätte ich am liebsten gemeinsam mit ihm geweint.

Minagawa: Danke für das Kompliment, so etwas hatte ich durchaus beabsichtigt, auch wenn es sehr schwer war, das zeichnerisch umzusetzen. (*lacht*)

Yamane: Sie haben alles ausnahmslos selbst gezeichnet, nicht wahr?

Minagawa: Bei ein paar Feinheiten hatte ich Unterstützung, aber die Motorräder und so habe ich alle selbst gezeichnet.

Yamane: Ich finde, wenn man Autos und dergleichen nicht richtig gut hinbekommt, sehen die aus wie Spielzeug.

Minagawa: Ja, genau! (*lacht*) Bei offengelegten Motoren hingegen kann man zum Beispiel schon mal ein bisschen schummeln, ohne dass es sofort auffällt. Aber ich komme gerne mal vorbei und zeichne Ihnen ein paar Autos. (*lacht*)

Yamane: Wirklich? Super, ich freue mich schon! (*lacht*)

Sozusagen als Dank dafür, dass Frau Yamane Ihnen bei den Highlights hilft, nicht wahr? (*lacht*) Apropos … gibt es eigentlich Werkzeuge, die für Sie beim Zeichnen Ihrer Mangas unentbehrlich sind?

Yamane: Für mich wäre das zum Beispiel ein Druckbleistift.

Minagawa: Für mich auch. Ich glaube, ich benutze diesen Druckbleistift schon seit etwa sieben Jahren. Dann brauche ich noch einen Radiergummi von *MONO*. Ach ja, es mag vielleicht etwas komisch anmuten, aber ich verwende zum Nachzeichnen der vorskizzierten Linien von Charakteren immer die Federn, die mein Assistent zum Zeichnen der Hintergründe benutzt hat und die für ihn unbrauchbar geworden sind. Recycling nennt man so was wohl. (*lacht*)

Yamane: Aber ja, die Federn immer sofort wegzuschmeißen, ist wirklich pure Verschwendung. Trotzdem, normalerweise benutzt man gebrauchte Federn nicht noch mal. (*lacht*)

Minagawa: Aber die gebrauchten Zeichenfedern von meinem Assistenten sind immer schon so schön elastisch. Es lässt sich sehr angenehm damit zeichnen, ganz egal, ob dünne oder dicke Linien. Ich bin da ehrlich gesagt auch nur durch Zufall draufgekommen. Jedenfalls war das eine großartige Entdeckung für mich, und das Ganze hat sich zu einer lieb gewonnenen Angewohnheit entwickelt. (*lacht*)

Yamane: Zeichenfedern sind ja auch ziemlich teuer. Wahrscheinlich ließen sich meine gebrauchten Federn auch noch gut wiederverwerten.

Minagawa: Na, dann her damit! Ich nehme sie gerne! (*lacht*)

Für eine Seite verschleißt man schon mal drei von diesen Federn, nicht wahr?

Minagawa: … Der reine Wahnsinn! Aber für solch wunderschöne Linien, wie Ayano Yamane sie zu Papier bringt, ist das eben nötig.

Yamane: Wenn die Linien nicht sauber gezeichnet sind, leidet das ganze Bild. Es hilft also nichts; man ist andauernd am Wegwerfen und Neuanschaffen dieser Federn. Das kann einen in den Wahnsinn treiben!

Minagawa: Aber hallo. Dafür sieht man Ihren Linien auch an, dass Sie da sehr penibel vorgehen.

Yamane: Penibel? Ja, das kann man so sagen. (*lacht*)

Minagawa: Sie sind eben von Natur aus sorgfältig. (*lacht*)

Yamane: Dafür dauert das Nachzeichnen der vorskizzierten Linien dementsprechend lange.

Minagawa: Bei diesen Linien wundert mich das nicht! Das ist eben der Aufwand, den man für solch wunderschöne Linien betreiben muss. Ich gehe das ja etwas gröber und sorgloser an. Dafür bin ich von einer Sehnenscheidenentzündung bislang verschont geblieben. Und eine schmerzende Hand musste ich auch noch nicht beklagen.

Yamane: Das ist großartig! Für mich ist das nämlich manchmal wie Krieg. Manchmal kann ich nicht mal mehr meine Hand bewegen. Das könnte allerdings auch an den knappen Deadlines liegen. (*lacht*)

Minagawa: Manchmal wünschte ich mir auch, so schöne und makellose Linien zeichnen zu können. Aber selbst wenn ich es darauf anlege, meine Hand tut letztlich immer das, was sie will. Wenn ich allerdings in letzter Zeit sehe, wie gut andere Mangaka zeichnen, gebe ich mir immer wieder große Mühe, schließlich will man ja nicht auf der Strecke bleiben. Manchmal sehe ich derart perfekt gezeichnete Linien, als wären sie mit dem Lineal gezogen. In solchen Momenten wünsche ich mir dann durchaus, es ebenso gut zu können.

Yamane: Selbst ein Mangaka wie Sie denkt noch über so etwas nach?

Minagawa: Ständig! Ich denke mir andauernd, dass ich dieses oder jenes auch gerne so gut können würde. (*lacht*)

Yamane: Ich zeichne eine Linie übrigens nicht in einem Rutsch durch, sondern stückle viele kurze Linien aneinander.

Minagawa: Was?! Das sieht man überhaupt nicht!

Yamane: Tja, was das angeht, bin ich eben äußerst penibel. (*lacht*) Wenn ich den Übergang von einer zur nächsten Linie erkennen kann, werde ich ganz kribbelig und bereinige das mit Deckweiß oder noch drastischeren Methoden. Und weil ich mich mit solchen Dingen aufhalte, komme ich nicht so recht voran. Beim kleinsten unsauberen Übergang: Deckweiß! Ich zücke es sogar schon,

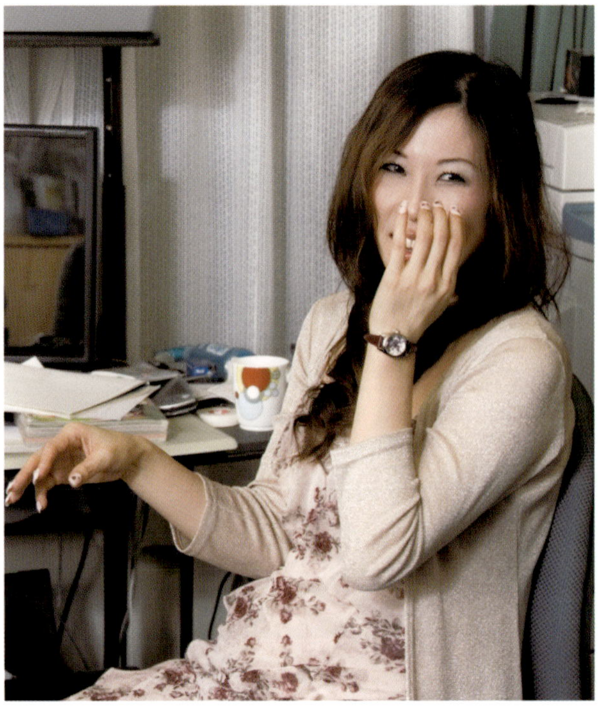

Ayano Yamane

Geboren an einem 18. Dezember auf der Insel Awaji, lebt gegenwärtig in Osaka; lieferte 1999 mit Roman-Illustrationen ihr Erstlingswerk ab; veröffentlichte im Jahr 2000 ihren Manga *Ikoku Irokoi Romantan*. Durch ihre wunderschönen Zeichnungen und spannenden Geschichten erlangte sie einen guten Ruf. Derzeit arbeitet sie an den Serien *Finder – Im Fadenkreuz*, die im Magazin *BE-BOY GOLD* (Libre) erscheint und *Crimson Spell* (Tokuma Shoten).

wenn noch nicht mal die Bleistiftlinien wegradiert sind, und denke mir dabei: ›Ups, die Linien gehen nicht sauber ineinander über! Das geht ja mal gar nicht!‹ (*lacht*)

Minagawa: Womit wir wieder beim Stichwort »penibel« angekommen wären. (*lacht*)

Yamane: Ich glaube, meine Leser achten darauf inzwischen auch besonders, darum muss ich das jetzt bis zum bitteren Ende durchziehen. Wenn ich mir nur die kleinste Blöße gebe und ein Bild etwas unsauber wirkt, kommen alle gleich zu mir gerannt und weisen mich mit lustigen Kommentaren wie »Du lässt aber nach!« darauf hin.

Minagawa: Und wenn dann noch eine Deadline vor der Tür steht, fühlt man sich natürlich total in die Enge getrieben.

Yamane: Das sieht man den Bildern dann auch an. Wenn man dann wieder auf diese Mängel aufmerksam gemacht wird, ist man schon so gestresst, dass man das Problem gar nicht mehr erkennt.

Minagawa: Ja, beim Zeichnen sieht man so etwas dann nicht mehr. Erst, wenn man es ausgedruckt in Händen hält, kommt die Einsicht und die Reue!

Yamane: So nach dem Motto: »Das ist ja grauenhaft geworden, das kann man ja niemandem zeigen!« (*lacht*)

Minagawa: Genau, genau! (*lacht*) Das geht mir jetzt auch noch manchmal so. ›Was zeichne ich denn da wieder für einen Mist zusammen?!‹, schießt es mir in so einem Moment durch den Kopf. So etwas passiert mir wie gesagt auch jetzt noch, und wird wahrscheinlich auch in Zukunft so sein. Sollte es damit doch mal ein Ende haben, dann ist eh Schluss. Wenn man glaubt, alles sei perfekt, ist das doch bestimmt stinklangweilig.

Yamane: Aber ganz ohne solche Momente, in denen man sich sagen kann: »Das ist jetzt aber perfekt geworden!«, geht es auch nicht. Oder in der Art: »Wahnsinn, bin ich gut!« (*lacht*) Im Nachhinein findet man dann ja sowieso irgendwelche Fehler.

Minagawa: Geht es Ihnen beim Zeichnen eines Manga übrigens auch manchmal so, dass die Charaktere sich verselbstständigen und quasi ihre eigenen Wege gehen?

Yamane: Auf jeden Fall! Dummerweise gehen sie dann häufig in eine andere Richtung, als ich beabsichtigt hatte. (*lacht*)

Minagawa: Wenn sie dabei irgendwas Dummes anstellen, hat man den Salat und muss alles erst mal wieder in Ordnung bringen und in die gewünschten Bahnen lenken. (*lacht*)

Yamane: Was fällt denen auch wieder ein! Aber was soll man machen, kommt eben vor, was?

Minagawa: Bisweilen macht das eine Geschichte aber auch gerade erst interessant, oder? Bei *Arms* hatte ich zumindest dieses Gefühl.

Yamane: Da hat Takeshi (Anm. 6) echt eine gute Figur abgegeben. Gegen Ende war ich regelrecht verliebt in den Kerl!

Minagawa: Takeshi und auch Hayato (Anm. 7) hätten sich eigentlich gar nicht in diese Richtung entwickeln sollen. Über die beiden kann man wirklich sagen, dass sie sich verselbstständigt haben. Bei *Peace Maker** (Anm. 8), an dem ich gerade arbeite, fangen die Charaktere auch gerade an, ihren eigenen Willen zu entwickeln. Das ist schon echt lustig!

Gibt es Charaktere, die Sie zeichnerisch als besonders schwierig empfunden haben, Frau Yamane?

Yamane: Asami und Feilong. Die beiden stammen aus einer völlig anderen Welt als ich, und doch haben sie, so wie sie sind, großen Anklang bei den Lesern gefunden. Ich kann ihre Charaktere also nicht mehr viel verändern. So manches Mal wusste ich jedoch nicht mehr, wie ich die beiden weiterentwickeln und was ich mit ihnen noch anstellen sollte. Eine Zeit lang habe ich sogar darüber nachgedacht, einen der beiden in die Comedy-Ecke abdriften zu lassen. (*lacht*) Doch ohne eine Figur, die dazu wiederum einen Gegenpol bildet, ist das ein schwieriges Unterfangen. Man braucht eine fröhliche, heitere Figur, die auch mal was einstecken kann. Das hilft ungemein. (*lacht*) Nur mit Asami und Feilong sitzt man da echt in der Klemme! So ernst und düster, wie die beiden sind … Ich bin versucht, zu sagen: »Bitte, kann niemand den beiden mal ein bisschen Lebensfreude einhauchen?!« … Aber eben nur fast! Yoh ist übrigens so eine Art Verbindungsglied. Er funktioniert gut als Puffer zwischen den beiden. Er strahlt so etwas Erwachsenes aus, wobei ich mit meinem Gemüt ja schon immer meine liebe Mühe habe, jemandem eine erwachsene Aura mitzugeben! (*lacht*)

Minagawa: Die Charaktere, die die Hauptfiguren umgeben, müssen diese unterstützen und ihnen gut zuspielen. Das ist bei Ihnen ja immer so schön der Fall. Und das Tolle ist, dass bei Ihnen alle diese Charaktere auch für sich funktionieren und auch ohne Gegenpart ausdrucksstark sind.

Yamane: Es ist durchaus nicht einfach, aus der Sicht einer Frau eine Welt zu zeichnen, die sie natürlich nicht aus erster Hand kennt. Aber im Boys-Love-Genre sind die Charaktere nun mal größtenteils männlich. Es ist doch selbstverständlich, dass eine Frau die Gefühle eines Mannes nicht voll und ganz verstehen und somit auch darstellen kann. Häufig frage ich mich, was wohl im Kopf eines Mannes in einer bestimmten Situation vorgeht.

*Nicht zu verwechseln mit der Serie *Peace Maker* von Nanae Chrono

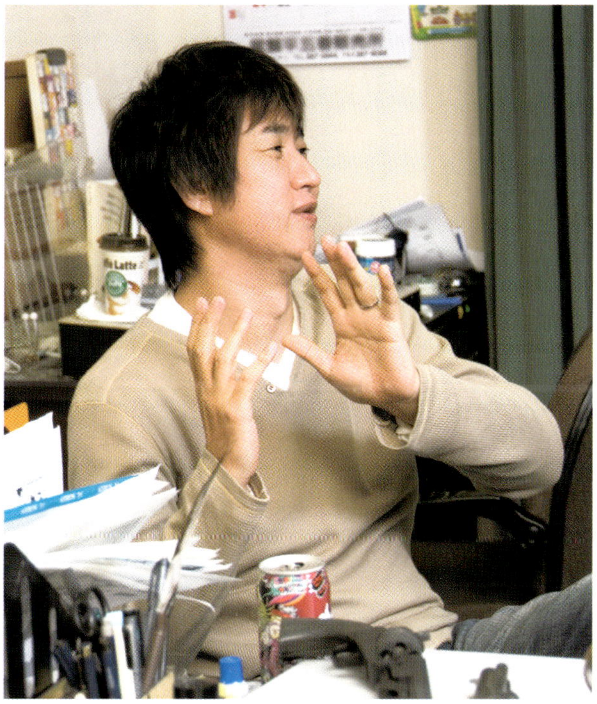

Ryouji Minagawa

Geboren an einem 5. Juli in Tokyo. Lieferte 1988 mit *Heaven* (wofür er den Shogakukan-Manga-Nachwuchspreis in der Sparte Shonen-Manga erhielt) sein Debüt ab und baute mit *Spriggan* und *Arms* seine Beliebtheit weiter aus. Er ist nicht nur im Action-Genre zu Hause, er versteht es auch vortrefflich, weniger greifbare Themen gekonnt darzustellen. Er arbeitet derzeit an seinen laufenden Serien *Peace Maker* (*Ultra Jump*/Shueisha) und *Adams* (*Evening*/Kodansha).

Ein Gespräch zwischen Ayano Yamane und Ryouji Minagawa

Minagawa: Was im Kopf eines Mannes vorgeht …? Tja, was das angeht, können Sie beruhigt sein. Es gibt mehrere Charaktere, die mich in dieser Hinsicht wirklich überzeugt haben, wie zum Beispiel Feilong.

Yamane: Wirklich? Da weiß ich ja gar nicht, was ich sagen soll! (*freut sich*) Aber ist Feilong nicht eher sogar etwas … unmännlich?

Minagawa: Also ich mag Feilong echt sehr. Vielleicht gerade weil er diese weibliche Seite hat. (*lacht*) Diesen Aspekt haben Sie sehr gekonnt umgesetzt. Kurz gesagt … Ihre Charaktere sind sehr überzeugend, weil man ihnen ihre Gefühle wie zum Beispiel Kummer einfach abnimmt, denn all das kommt in den Zeichnungen gut rüber. Trotzdem frage ich mich am Schluss stets, warum die Kerle jetzt wieder miteinander rummachen müssen?! (*lacht*)

Yamane: (*lacht*) Das ist eben ein Muss im Boys-Love-Genre!

Minagawa: Schon klar! Das ist das Wichtigste überhaupt! (*lacht*)

Yamane: Wie viele Boys-Love-Manga haben Sie denn gelesen? (*lacht*)

Minagawa: Ein Freund hat mal ein paar für mich besorgt, und Fans schicken mir hin und wieder selbst gezeichnete Boys-Love-Manga in Anlehnung an meine Geschichten. Ein paar habe ich im Laufe der Zeit also schon gelesen. (*lacht*)

Yamane: Frauen mögen Geschichten, bei denen es eine Anzahl von Rollen gibt, die etwa gleichbedeutend sind. Auch wenn die Charaktere Männer sind, fühlen und leiden sie in Liebesdingen ganz genauso. Und wenn eine solche Geschichte am Schluss noch mit ineinander verschlungenen Männerkörpern endet, dann ist das natürlich die Krönung! Das ist, kurz gefasst, das, was das Boys-Love-Genre in meinen Augen ausmacht.

Minagawa: Ich bin durchaus voller Bewunderung, wenn ich mir so einen Manga anschaue. Aber auch voller Erstaunen. Ich glaube, ich könnte solche Dialoge nicht schreiben. Dafür muss man wohl eine Frau sein, oder? Diese Fähigkeit zu besitzen, finde ich richtig beneidenswert.

Yamane: Es so hinzudrehen, dass sich männliche Charaktere in ihrem Liebeskummer Gedanken machen, wie es sonst eher Frauen tun?

Minagawa: Ja. Ich denke nämlich schon, dass diese Art, sich Gedanken zu machen, für Frauen sehr typisch ist.

Yamane: Ach so! Darum finde ich Manga, die von einem Mann gezeichnet wurden, also so heiß! Ich wäre auch gerne in der Lage, Beziehungen zwischen Männern so auf den Punkt zu bringen, so geradlinig und ohne Umschweife.

Minagawa: Das ist das alte Problem: Das Gras auf der anderen Seite des Zauns wirkt immer grüner … Ich finde die Art und Weise, wie Sie diese herzzerreißende Sehnsucht der Charaktere rüberbringen, sehr gelungen. Wenn ich Ihre Manga lese, staune ich wirklich, wie gekonnt Sie das hinbekommen. Ganz im Ernst.

Yamane: Zu viel des Lobes! Sie müssen das nicht sagen, wirklich! (*lacht*)

Minagawa: Das meine ich aber ehrlich. Ich lese Ihre Manga, weil Sie Ihr Handwerk wirklich verstehen.

Immer wieder wird deutlich, dass der Entstehungsprozess eines Manga durchaus anstrengend und schwierig ist. Bei welchem Ihrer Werke mussten Sie am meisten mit sich und den Umständen kämpfen?

Yamane: Das würde mich auch sehr interessieren!

Minagawa: Wann ich am meisten mit mir und den Umständen kämpfen musste? *D-LIVE!!* war auf jeden Fall hart, weil die Deadlines so knapp kalkuliert waren, dass die Zeit nicht mal gereicht hätte, wenn die Woche acht Tage gehabt hätte. (*lacht*) Und die Zeit als Assistent war auch ziemlich hart.

Wie lange haben Sie als Assistent gearbeitet?

Minagawa: Etwa zwei Jahre lang. Zum Glück konnte ich mir während dieser Zeit eine zügige Arbeitsweise aneignen. Das hilft mir heute sehr. Ich bin in der Lage, Hintergründe extrem schnell zu Papier zu bringen! Das habe ich damals gelernt. So gesehen war das auf jeden Fall eine gute Zeit.

Welche Zeit hat Sie am meisten gefordert, Frau Yamane?

Yamane: Die Anfangsphase, als ich in dieser Branche zu arbeiten begann und mit einem Mal innerhalb einer Deadline eine bestimmte Anzahl an Seiten zeichnen musste. Ich hatte ja noch keine Ahnung, wie schnell man tatsächlich zu Werke gehen muss, um einen solchen Zeitplan einzuhalten. Zunächst habe ich alles selbst gemacht: die Bleistiftskizzen, das Tuschen, das Schwärzen der Flächen und Lichteffekte und Korrekturen mit Deckweiß. Erst danach ging das Ganze an einen Assistenten, damit er sich um das Auftragen der Rasterfolie kümmert. Doch so zu arbeiten, lässt die Zeit nicht zu. Mittlerweile gehe ich so vor, dass ich nach dem Tuschen sofort die Bleistiftlinien wegradiere und noch ohne Schwarzflächen die Rasterfolie auftragen lasse. (*lacht*) Mit einer solchen auf Schnelligkeit getrimmten Arbeitsweise komme ich mittlerweile mit der Zeit gerade so hin. Am Anfang war das aber ein Ding der Unmöglichkeit. Keine Chance! Zudem sah das gedruckte Resultat in der Zeitschrift unfertig aus, weil so viel Platz auf der Seite weiß beziehungsweise blank war.

Minagawa: Ja …

Yamane: Die Deadlines waren so knapp, dass den Assistenten zum Teil gar keine Zeit mehr für ihre Arbeit blieb. Der Abgabetermin stand immer schon vor der Tür und das Manuskript musste abgegeben werden. Was also abgedruckt

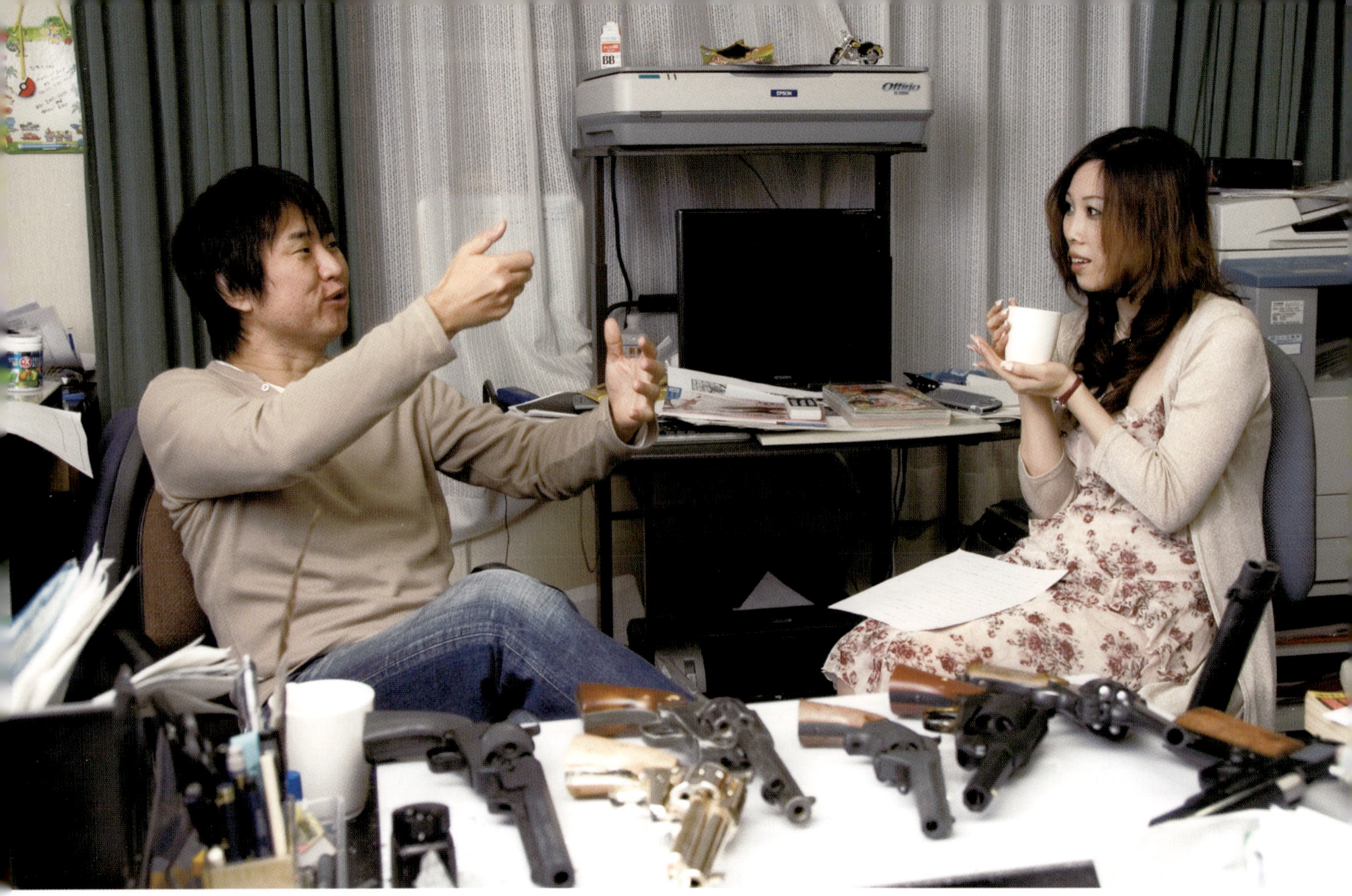

wurde, war oft zu großen Teilen eine weiße Papierwüste, weil die Zeit fürs Ausmalen oder fürs Rastern einfach fehlte. Manchmal wollten Leute von mir wissen, wer denn zum Beispiel diese oder jene Figur sei, denn die wäre nicht eindeutig zu erkennen. An solche Fragen war ich nicht gewöhnt. Das fand ich damals wirklich hart. Gewisse Arbeitsschritte an andere Leute zu übertragen, fiel mir am Anfang auch nicht leicht.

Minagawa: Das ist in der Tat schwierig. Das kann man wohl erst nachvollziehen, wenn man es selbst erlebt hat.

Yamane: Tatsache ist nun mal, dass etwas anderes dabei herauskommt, als wenn man es selbst macht. Die Frage ist nur, wie weit man bereit ist, Kompromisse einzugehen und Dinge abzusegnen, die einem im ersten Moment vielleicht gar nicht so zusagen, weil man sie selbst eben ganz anders gemacht hätte. Man muss genau abwägen, was und wie viel man selbst bewältigen kann und was nicht, um es anderen zu übertragen.

Minagawa: Das ist ein ständiger Kampf!

Yamane: Den habe ich mittlerweile aufgegeben und überlasse mit Freuden vieles meinen Assistenten. (*lacht*)

Minagawa: Ha ha ha! (*lacht*)

Yamane: Die Assistenten, denen ich die ganze Last aufbürde, tun mir richtig leid. Ich sage dann auch schon mal: »Wir haben keine Zeit mehr! Für die Haare und das Ausmalen reicht's nicht mehr, nur noch die Rasterfolien drüber, los, los!« Manchmal bleibt der Elan aber auch für süß dahingehauchte Anweisungen mit Augenaufschlag wie: »Hier, bitte die Bleistiftlinien wegradieren und am besten auch gleich noch drübertuschen!« So läuft das manchmal ab, hilft ja nichts.

Minagawa: Ich weiß genau, was Sie meinen! (*lacht*) Man darf es aber auch nicht auf die Spitze treiben, weil die Assistenten sonst Gefahr laufen, eine Meuterei anzuzetteln. (*lacht*) Ich habe da zurzeit zum Beispiel einen äußerst fähigen Assistenten, wenn ich den verlieren würde, wüsste ich echt nicht, wie ich das alles bewältigen sollte.

Yamane: Das gilt auch für mich. Ich habe da diesen Assistenten, auf den ich mich voll und ganz verlassen kann. Wenn der aufhören würde, wüsste ich wirklich nicht, wie es weitergehen sollte.

Minagawa: Manchmal übernehme ich, um ehrlich zu sein, Arbeiten, die sonst meine Assistenten übernehmen, zum Beispiel das Zeichnen der Hintergründe. Und dann denke ich mir: ›Mann, bin ich schnell!‹ (*lacht*) Sollte ich mal meine Arbeit als Mangaka verlieren, muss ich mich eben wieder als Assistent durchschlagen. (*lacht*)

Yamane: Aber nicht doch! (*lacht*)

Gibt es etwas, mit dem Sie nicht zufrieden sind? Etwas, mit dem Sie hadern?

Minagawa: Das ist ein einziges Hadern. (*lacht*) Im Grunde bin ich mit nichts absolut zufrieden. Manchmal habe ich das Gefühl, ich hadere von A bis Z mit allem, an dem ich arbeite. Ich kann mich nicht erinnern, mir meiner Sache jemals ganz sicher gewesen zu sein und mit vollem Selbstvertrauen hinter meinen Sachen gestanden zu haben.

Gibt es dann Momente, in denen Sie so etwas wie eine Eingebung haben und sagen: »Jetzt machen wir das so und dann wird das auch was!«?

Yamane: Bei mir ist das so, wenn ich Leser-Reaktionen bekomme. Dann weiß ich, dass ich mit dem, was ich tue, gar nicht so danebenliegen kann. Leser sind sehr direkt und sagen einem geradeheraus ihre Meinung. Da weiß man sofort, was Sache ist. Auch und besonders, wenn mal was nicht so gut geworden ist. (*lacht*)

Minagawa: Ja, ich weiß genau, was Sie meinen. (*lacht*)

Yamane: Aber gerade dann muss man sich aufrappeln und sich im Stillen sagen: »Nächstes Mal mach ich's wieder besser!«

Minagawa: Ein objektives Auge oder in diesem Fall objektive Meinungen anderer sind eben sehr, sehr wichtig. Aus diesem Grund zeige ich meine Entwürfe auch verschiedenen Leuten, um sie nach ihrer Meinung zu befragen. Man möchte dann auch wirklich ehrliche Antworten hören. Und genau deshalb sind die Reaktionen der Leser so wertvoll für uns. Schließlich zeichnen wir ja für unsere Leser. Je nachdem, wie die Reaktionen ausfallen, kann man aber darüber auch wieder zu hadern anfangen. (*lacht*) Man muss aufpassen, dass man sich damit nicht zu sehr belastet, denn das kann einen regelrecht lähmen. Das kann sogar so weit gehen, dass man nicht mehr weiterzeichnen kann. Man muss eine gesunde Balance finden, damit man unbelastet weitermachen kann, auch wenn man Kritik annimmt. Man muss Vertrauen in sein Können haben und seine eigenen Werke interessant finden, denn nur dann hat man die Chance, dass das bei den Lesern auch so ankommt. Man tut also, was man kann, so gut man es kann! Wo kämen wir denn hin, wenn wir Sachen rausbrächten, die wir selbst für langweilig und uninteressant halten … Das wäre ziemlich unverschämt gegenüber den Lesern und absolut unentschuldbar. Man möchte also Sachen veröffentlichen, die man selbst interessant findet. Trotzdem ist man nicht davor gefeit, dass auch mal etwas Langweiliges dabei herauskommt … Das ist zum Glück nur selten der Fall, aber es kommt vor. (*lacht*)

Yamane: Ha ha ha! (*lacht*)

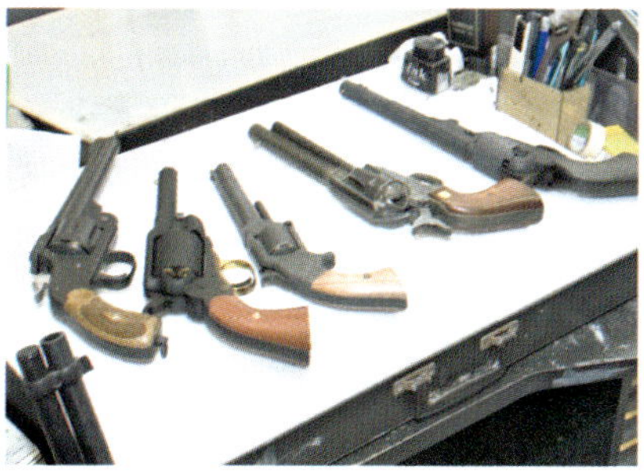
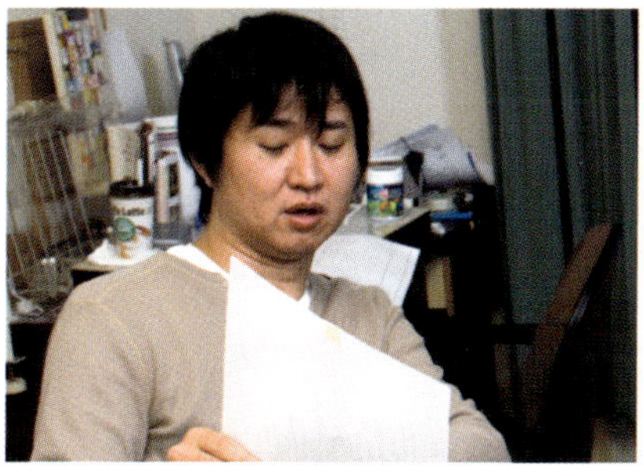
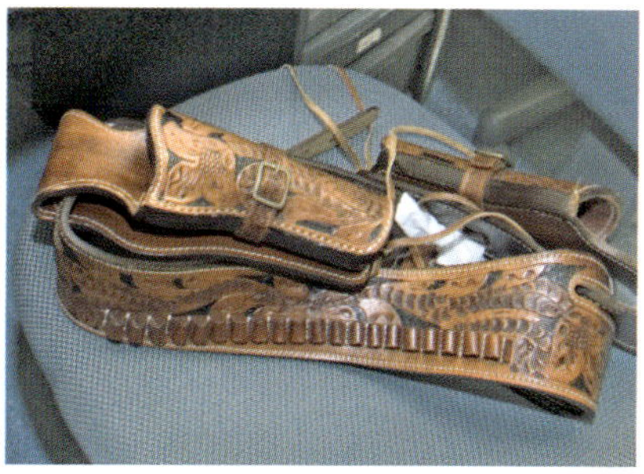
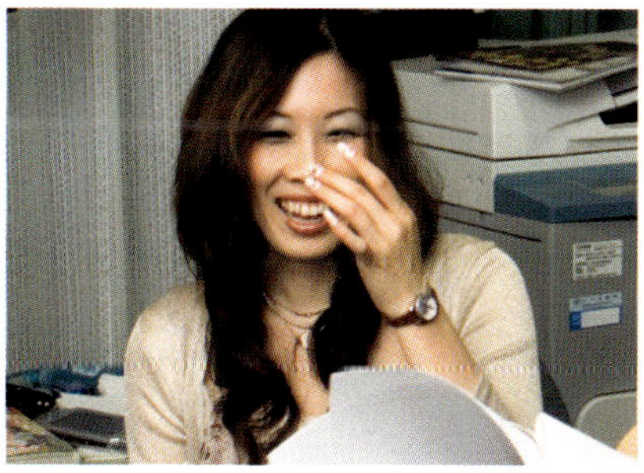
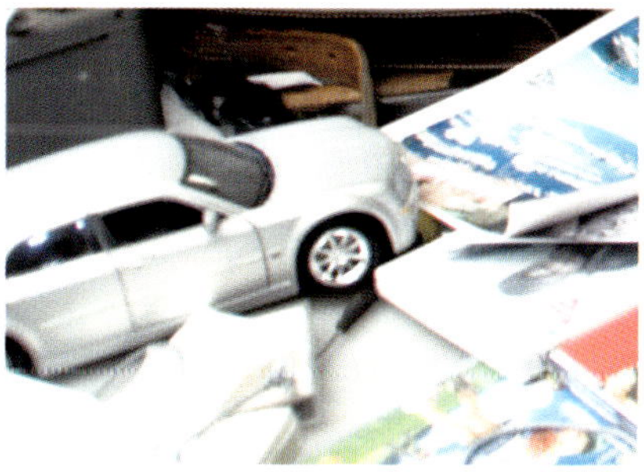
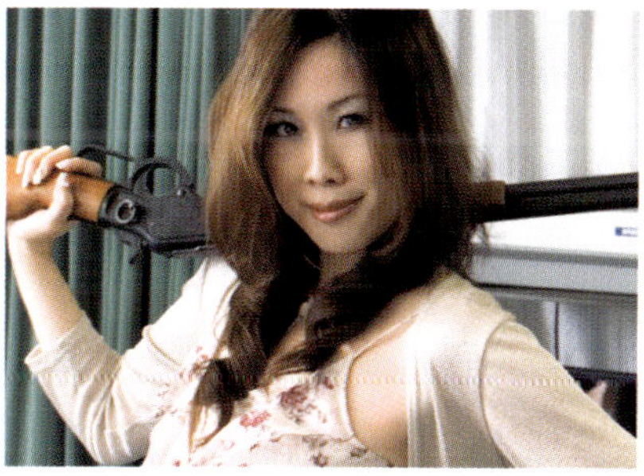

Ein Gespräch zwischen Ayano Yamane und Ryouji Minagawa

Verlassen wir das Thema Manga einmal … Was sind in Ihrem Leben die wichtigsten Dinge ?

Minagawa: Mein Sohn und meine Familie sind mir sehr wichtig. Dann meine Fan-Post, würde ich sagen. Wenn ich tot bin, wünsche ich mir, dass meine Fanpost zusammen mit mir eingeäschert wird.

Yamane: Aber natürlich, so können Sie sie ins Jenseits mitnehmen und dort noch Ungelesenes aufarbeiten!

Was machen Sie, wenn die nicht mit in den Sarg passen? (*lacht*)

Minagawa: Ordentlich reingestopft passen die schon rein, und dann möchte ich ja ohnehin zusammen damit eingeäschert werden. Meinetwegen können die die Blumen weglassen, denn ich möchte eben meine Fanpost bei mir haben. Ich denke, diesen Wunsch werde ich so äußern.

Yamane: Ist verständlich, diese Briefe sind wie ein Schatz. Die Briefe, die ich bekomme, bewahre ich in einer edlen Schachtel auf. Wenn es mir mal nicht so gut geht, öffne ich diese Schachtel und lese einen der Briefe. Das zieht mich wieder hoch und es geht mir gleich wieder gut. Ich denke mir dann manchmal so was wie: ›Ich zeichne meine Manga nur für dich!‹ (*lacht*)

Minagawa: Leserreaktionen im Netz beziehungsweise per E Mail haben sehr stark zugenommen, leider. Früher bekam man ausschließlich Briefe. So oder so, ich habe großen Respekt vor den Lesern, die etwas schreiben. Man muss sich das vor Augen halten, die machen sich große Mühe und schreiben dem Mangaka, den sie mögen, was ihnen auf dem Herzen liegt. Würde ich meinem Idol schreiben, würde ich mir für jede Zeile ganz viel Zeit nehmen und jedes Wort auf die Goldwaage legen. Da ich weiß, dass viele das so machen, bin ich für jeden Brief, der bei mir ankommt, sehr dankbar.

Yamane: Für mich sind die Briefe und Mitteilungen von den Lesern Ermutigung und Ansporn zugleich, ein wahrer Schatz. Ganz im Ernst.

Welche Worte Ihrer Leser haben Sie am meisten berührt und sind Ihnen am besten in Erinnerung geblieben?

Minagawa: Da gibt es so vieles! (*lacht*) Manchmal bietet sich ja die Gelegenheit, Leser zu treffen und mit ihnen zu sprechen. Da bekommt man ihre Reaktionen so von Angesicht zu Angesicht am besten mit. Deshalb liebe ich Signierstunden und ähnliche Veranstaltungen ziemlich. Man freut sich extrem, wenn man von den Lesern gesagt bekommt, dass sie diesen und jenen Charakter sehr gerne mögen, sie einem ihre Gedanken zu einem Manga erzählen oder einfach bloß nett mit einem plaudern.

Yamane: Ich finde es besonders dankenswert, wenn mir die Leser etwas zu meinen Charakteren sagen. Im Boys-Love-Genre kommt es ja besonders darauf an, ob die Charaktere den Geschmack der Leser treffen. Beziehungsweise gibt es viele Leser, die mit den Charakteren besonders stark verbunden sind. Daher sagen mir viele Leser, dass ihnen ein bestimmter Charakter besonders gefällt und deshalb die Geschichte an sich gar nicht mal so wichtig ist. Wenn dies dann nicht bloß die Meinung Einzelner ist, sondern durch die Bank weg vertreten wird, dann kann es schon mal vorkommen, dass ich einen solchen Charakter fortan bevorzugt behandle. (*lacht*)

Minagawa: Ja. Da sieht man, wie wichtig die Meinung der Leser ist.

Yamane: Man muss dabei natürlich aufpassen, dass diese Bevorzugungen nicht plötzlich die ganze Story kippen, die man sich eigentlich für den Manga überlegt hatte. Ha ha ha! (*lacht*)

Minagawa: Es ist natürlich ein Riesenkompliment, wenn die Leser einen zu so etwas beflügeln, aber man muss im Endeffekt schon auch versuchen, seiner Linie treu zu bleiben.

Yamane: Ich überlege mir schon, ob es nicht besser ist, etwas so zu machen, wie die Leser es gerne hätten. Klar, manchmal denke ich mir dann auch: ›Hä, aber eigentlich sollte die Figur charakterlich doch in eine ganz andere Richtung gehen!‹ (*lacht*)

Minagawa: Ha ha ha! (*lacht*) So ist das halt, die Charaktere haben eben ein Eigenleben!

Yamane: So ist es. Die sind lebendig.

Minagawa: Und wie lebendig! Das ist wie ein Selbstläufer. Manchmal beugt man sich einfach den Wünschen der Leser. Schließlich sind sie es ja auch, die ihr Geld für eines unserer Werke ausgeben.

Yamane: Man kauft sich ja ein Buch bloß, wenn man es wirklich lesen will. Die Leser gehen also tatsächlich wegen eines unserer Werke in einen Buchladen. Eine überaus dankenswerte Sache.

Minagawa: Führt man sich das vor Augen, muss man sich bewusst machen, dass man seine Geschichten nicht einfach nur seicht und oberflächlich hinschludern darf.

Yamane: Man muss immer alles geben!

Wie sehen Sie beide sich in zehn Jahren? Was wünschen Sie sich für Ihre Zukunft als Mangaka?

Minagawa: Bis mein Sohn auf die Mittelschule* kommt, möchte ich auf jeden Fall bei einem Shonen-Magazin bleiben. Ich möchte Manga zeichnen, die er lesen kann und die für ihn geeignet sind.

Yamane: Was machen Sie, wenn Ihr Sohn irgendwann mal sagt, er mag die Manga der Konkurrenz lieber? (*lacht*)

*7. – 9. Klasse

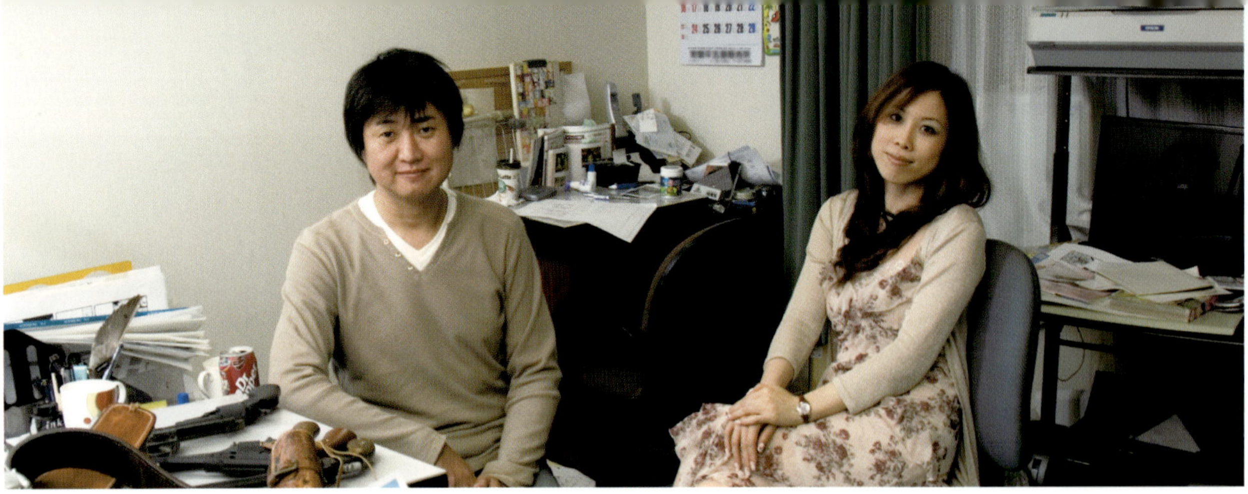

Zum Abschluss …

Minagawa: Ich möchte zumindest nicht, dass er mir sagt: »Deine Manga sind aber altmodisch, Papa!« Ich befürchte, da müsste ich fast mal streng werden und ein ernstes Wörtchen mit ihm reden. (*lacht*)

Yamane: Scherz beiseite, in Wirklichkeit wird er die Manga seines Papas doch lieben. Bestimmt wird er sie hinten im Bücherregal verstecken, sie ganz stolz rausholen, seinen Freunden zeigen und sagen: »Die Manga von meinem Papa sind die Besten!«

Minagawa: Da sehe ich mich jetzt schon Freudentränen vergießen, wenn mein Sohn das mal zu mir sagen sollte. (*lacht*)

Wie sehen Sie Ihre Zukunft und was wünschen Sie sich, Frau Yamane?

Yamane: Ich möchte einfach Manga zeichnen, die ich selbst gutheißen und gut finden kann. Ich würde mich ja freuen, wenn ich auch in zehn Jahren noch Boys-Love-Manga zeichnen kann. Und dass ich damit vielleicht auch ein bisschen Anerkennung bei den Lesern finden werde, die heute dafür noch nichts übrig haben.

Minagawa: Ich denke, Entertainment wird es immer in der einen oder anderen Form geben. Solange man etwas Interessantes entwickelt, wird es auch immer seine Daseinsberechtigung haben. Dieser Einstellung möchte ich eigentlich immer treu bleiben.

Yamane: Großartige Worte! Die werde ich mir merken!

Yamane: Es hat mir sehr viel Spaß gemacht, mit Ihnen über dies und das zu plaudern.

Minagawa: Ich bin mal gespannt, ob ich von den Lesern demnächst nicht zu hören bekomme: »Der hat doch was mit der Yamane!« (*lacht*)

Yamane: (*lacht*) Aber nein. Ich möchte vielmehr meinen tiefen Dank zum Ausdruck bringen, dass ich mit Ihnen zusammen dieses Gespräch führen durfte. Das war bestimmt auch für die Leser eine unerwartete Überraschung. Schließlich sind Sie ein fleißiger Shonen-Mangaka, von dem man nicht glaubt, dass er etwas mit Boys Love am Hut hat. Ich muss sagen, es war schon etwas ganz Besonderes, von so jemandem zu erfahren, was er von Boys Love & Co. hält.

Minagawa: Ich finde auf jeden Fall, dass das Boys-Love-Genre seine Berechtigung hat. Außerdem finde ich die unterschiedlichen Spielarten und Ausrichtungen innerhalb des Genres sehr interessant. Das ist eine eigene Kultur für sich. Daher sind auch die vielen unterschiedlichen Ausprägungen kein Problem. Sobald ein Leser einen Manga in seinen Händen hält, gehört er ihm, und solange ihm das Gebotene gefällt, ist alles in Ordnung.

Yamane: Und wir freuen uns wiederum, dass unsere Charaktere geliebt werden.

Minagawa: Das ist wirklich das größte Lob und die größte Freude. Würden sie sie nicht mögen, würden uns die Leser niemals so viel Liebe entgegenbringen.

Yamane: Vielen Dank, dass wir dieses wunderbare Gespräch führen durften.

Anmerkung 1: *Arms*

Die Hauptfiguren wurden im Kindesalter mit Prothesen für vermeintlich verletzte Gliedmaßen versehen, die Nanochips aus geheimer Militärforschung enthalten. Aufgrund ihrer außergewöhnlichen Kräfte werden sie von einer geheimnisvollen Organisation gejagt. Die Serie erschien im Magazin *Shonen Sunday* (Shogakukan) und erhielt 1999 den Shogakukan-Manga-Preis.

Anmerkung 2: Ryo

Ryo Takatsuki, die Hauptfigur in *Arms*. In *Project ARMS* (dem Anime) wird er übrigens von Nobutoshi Canna gesprochen.

Anmerkung 3: Keith Green

Der Jüngste der Keith-Klone und einer der Bösewichte in *Arms*. Die Bezeichnung Bösewicht ist allerdings mit Vorsicht zu genießen, so klar kann man ihn nicht in eine Schublade stecken. Wer nicht mit der Serie vertraut ist, dem sei sie hiermit wärmstens ans Herz gelegt.

Anmerkung 4: *D-LIVE!!*

Die Geschichte handelt von einem auf den ersten Blick ganz gewöhnlichen Highschool-Schüler, der einen Nebenjob in einer internationalen Agentur hat und dabei seine besondere Fähigkeit zum Einsatz bringt: Er kann jedes nur erdenkliche Fahrzeug steuern! Die Serie erschien im Magazin *Shonen Sunday* (Shogakukan).

Anmerkung 5: Ikaruga

Satoru Ikaruga ist die Hauptfigur von *D-LIVE!!*. Laut Ayano Yamane ist er die Hauptfigur, die Ryouji Minagawa vom Charakter her am ähnlichsten ist.

Anmerkung 6: Takeshi

Tomoe Takeshi stellt sich als treuer Freund für Ryo heraus. Auch er ist im Besitz einer Waffenprothese, die durch Nanochips gesteuert wird und den Namen »The White Rabbit« trägt. Weitere Namen dieser allgemein als ARMS bezeichneten Waffen sind »Jabberwock« und »Mad Hatter«. Nicht nur die Namen der Waffen stammen aus *Alice im Wunderland*, auch ihre Formen und Funktionen sind dieser berühmten Erzählung entlehnt.

Anmerkung 7: Hayato

Hayato Shingu ist ein weiterer Freund von Ryo. Sie sind Verbündete, Partner, beste Freunde und … ach nein, ist ja kein Boys-Love-Manga.

Anmerkung 8: *Peace Maker*

Das aktuelle Projekt von Ryouji Minagawa, das derzeit im Magazin *Ultra Jump* (Shueisha) veröffentlicht wird, wartet mit einem Genie im Schnellfeuern als Hauptcharakter auf. Ein Blick auf die Fotos, die Ryouji Minagawa auf seinem Tisch als Anschauungsmaterial aufgereiht hat, verrät einem sofort, dass es sich um eine Geschichte mit einem Wildwest-Setting handelt.

Arbeit am Werk

Im Grunde sieht es bloß wie eine Anhäufung von Strichen und Farben aus. Doch warum ist so ein Kunstwerk dann dazu in der Lage, uns in seinen Bann zu ziehen? Man könnte meinen, es sei nur ein Bild, auf dem zwei Menschen abgebildet sind. Aber warum entfaltet sich beim Betrachten eine ganze Geschichte vor unserem inneren Auge? Mehr als bei ihren bisherigen Arbeiten besitzt dieses Bild die Kraft, eine Geschichte zu vermitteln und eine beinahe unaufhörliche Faszination auszuüben. Wenn man große Meister, die es vermochten, die Menschen auf diese Weise zu faszinieren, als Götter bezeichnen wollte, dann wäre sie vielleicht auch eine von ihnen.

Das Scribble

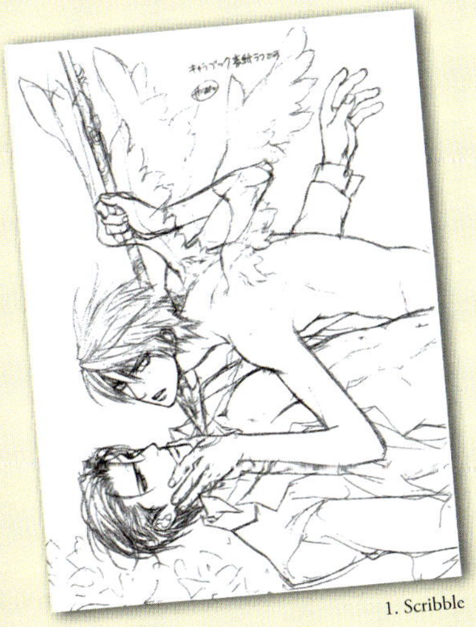

1. Scribble

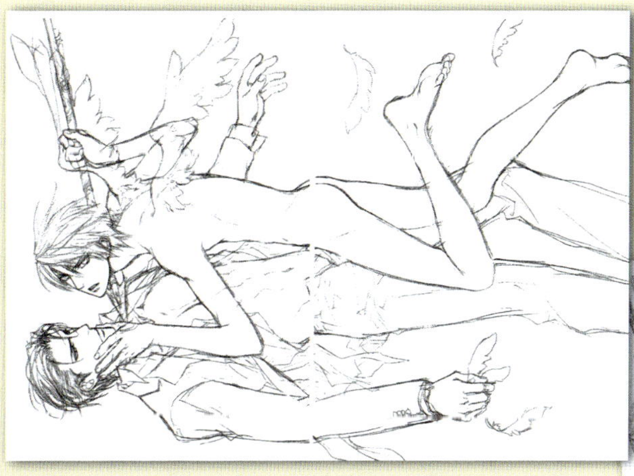

2. Scribble (Dieser Entwurf diente als Grundlage für die weiteren Schritte)

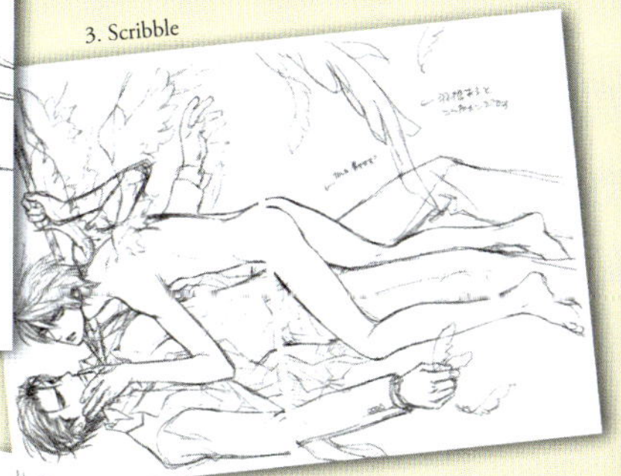

3. Scribble

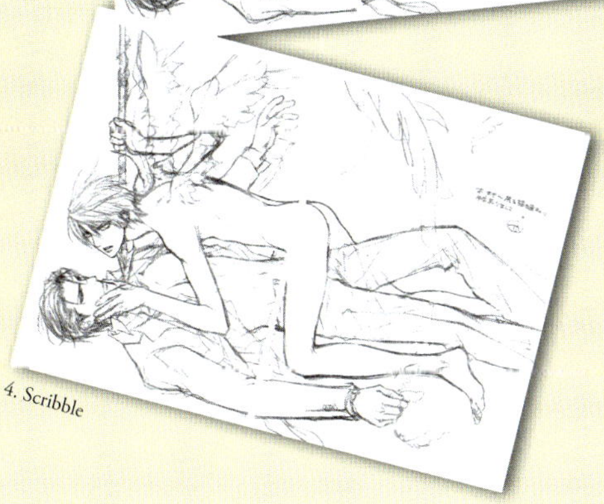

4. Scribble

01 Das Scribble

Die Intention hinter der Coverillustration für dieses Artbook war es, religiöse Kunst und Barockmalerei in die Welt von *Finder* einfließen zu lassen. Ich begann mit einem ersten Entwurf, der Akihitos Oberkörper in den Mittelpunkt stellte. Wie ein Todesengel sollte er über einem kraftlosen, sterbenden Asami schweben. Mir kam die Idee, dass sich das Bild sowohl über die Vorder- als auch über die Rückseite des Bandes erstrecken sollte, also fügte ich dem Bild noch Akihitos Unterkörper hinzu. In mehreren Anläufen versuchte ich, das Bild meiner Vorstellung nach zu gestalten. Ich zeichnete Akihitos Unterkörper in drei verschiedenen Posen. Schließlich entschied ich mich jedoch dazu, die erste Version als Entwurf für die weiteren Schritte zu verwenden.

Outlines

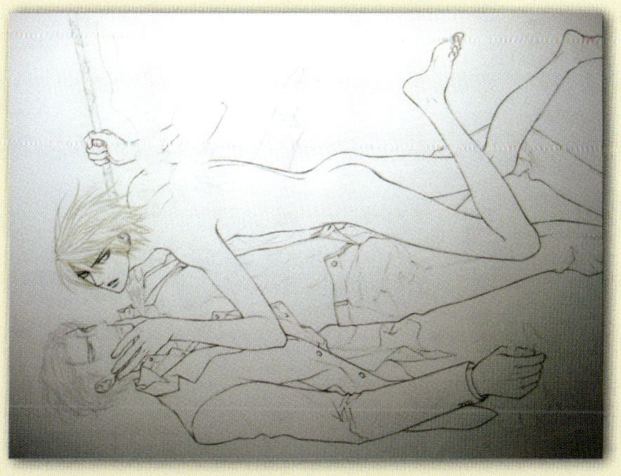

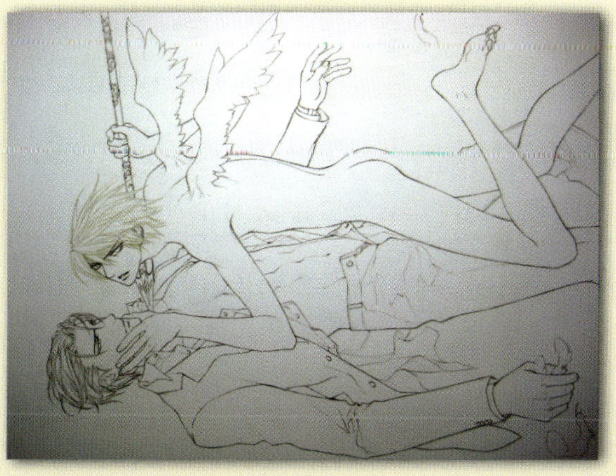

02 Das Nachzeichnen mit Tusche

Das Nachzeichnen der Linien mit Tusche wurde in folgenden Schritten ausgeführt: Akihitos Gesicht, Akihitos Körper, Asami, Akihitos Haare und schließlich die übrig gebliebenen Kleinigkeiten. Nach reiflicher Überlegung beschloss ich, für Akihitos Haare Tinte mit einem helleren Farbton zu verwenden. Mit diesem Schritt war für mich die Reinzeichnung fertiggestellt.

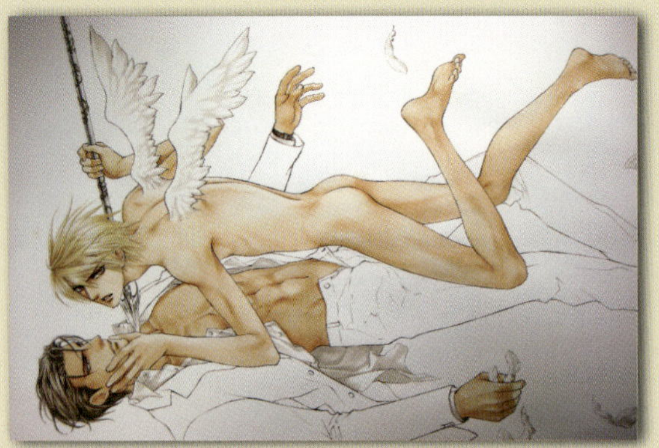

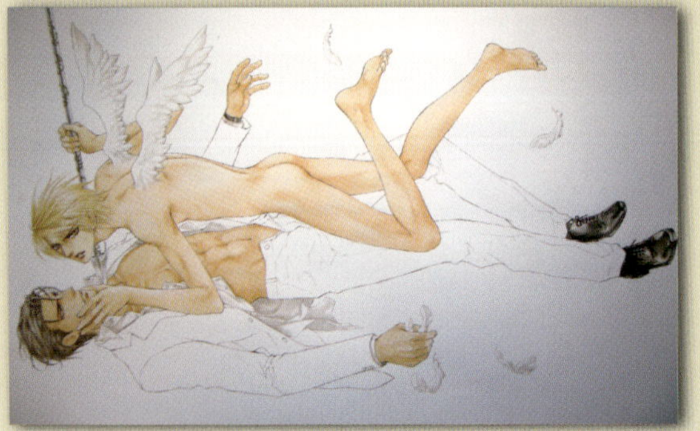

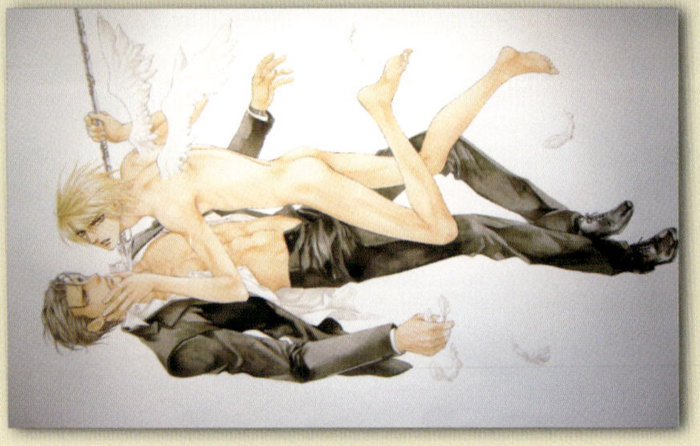

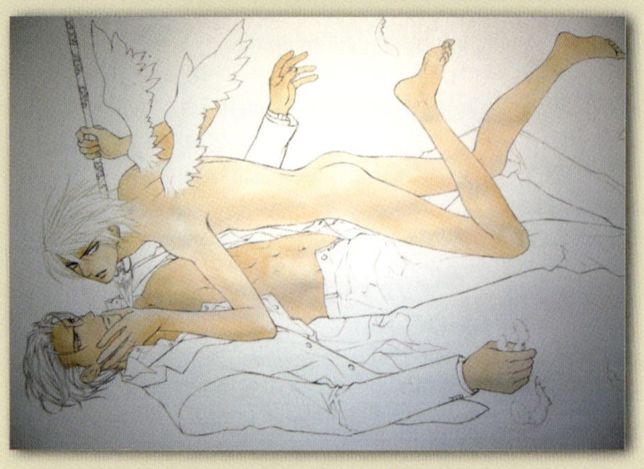

03 Das Grundieren mit Hautton

Ich verwendete dazu Tinte von *Dr. Ph. Martin's*. Ich mischte acht Farben zu einem Hautton zusammen und trug die Farbe vorsichtig auf den Körperflächen auf.

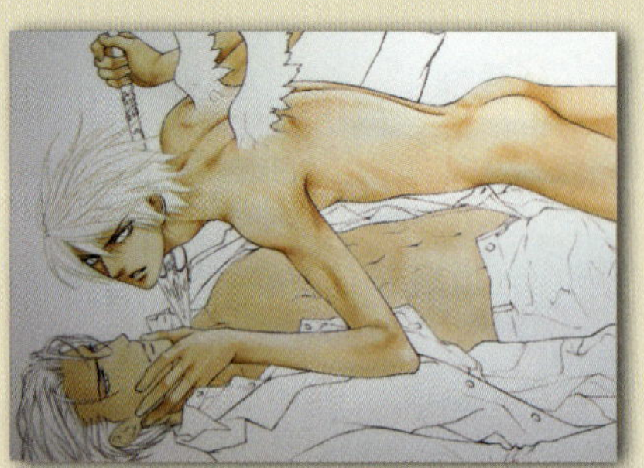

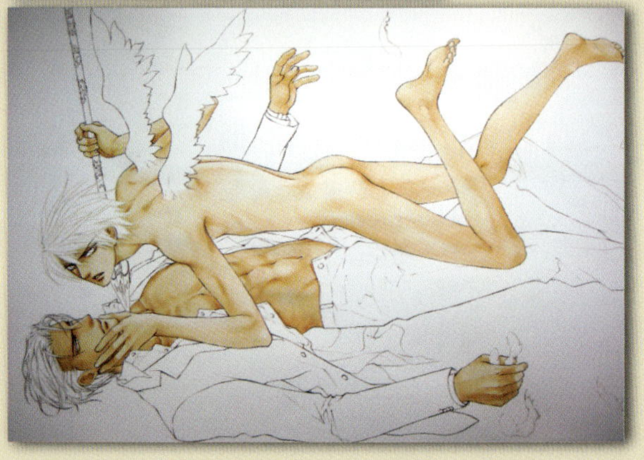

05 Das Kolorieren von Charakteren und Gegenständen

Auch die Haare wurden zunächst grundiert und anschließend schattiert. Daraufhin folgte das Kolorieren der Augen, sodass die Gesichtspartien fast vollendet sind. Danach verlieh ich den Haaren mit besonders dünnem Werkzeug noch zusätzliche Details.

04 Das Schattieren der Körperpartien

Um unterschiedliche Hauttöne und Schatten zu erzeugen, trug ich mit derselben Farbe an den relevanten Stellen eine weitere Schicht auf; zuerst bei Akihito und anschließend bei Asami.

Schritt für Schritt

Akihito Takaba

1. Nachzeichnen der Linien mit Tusche
2. Auftragen der Hautton-Grundierung
3. Schattieren der Hautpartien
4. Grundieren und Schattieren der Haare, Kolorieren von Augen und Lippen
5. Kolorieren des Hintergrundes, Setzen von Glanzlichtern auf Haaren und Lippen

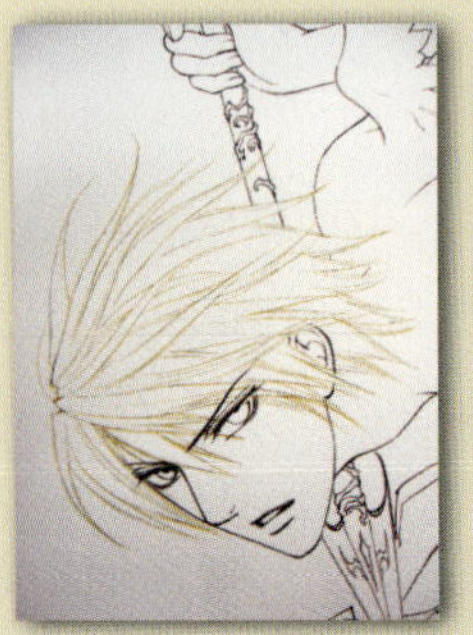

1

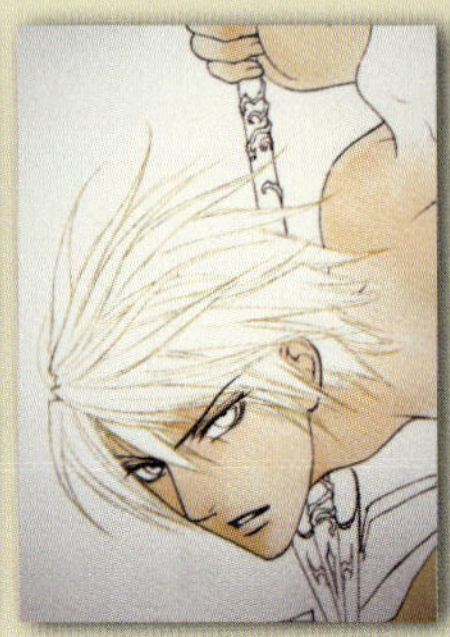

2

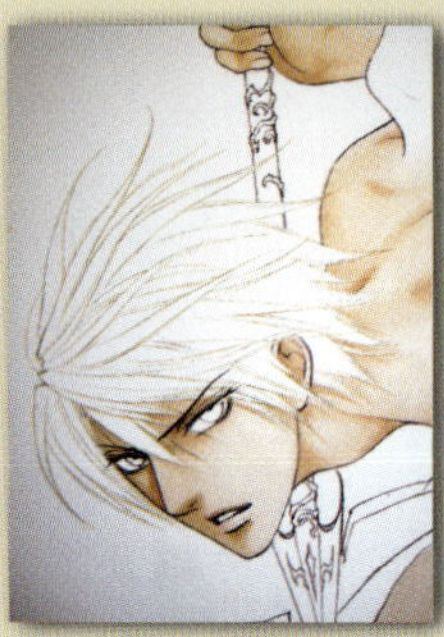

3

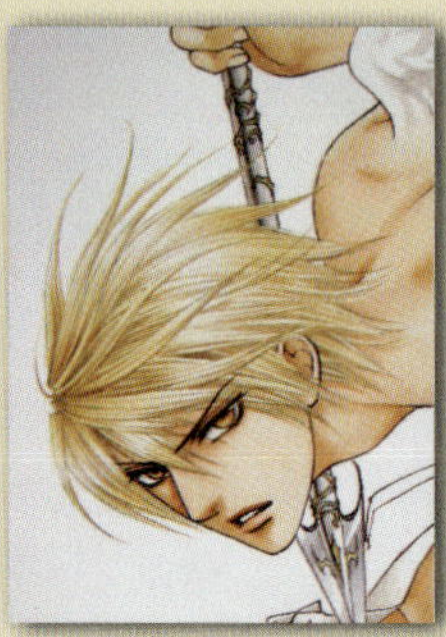

4

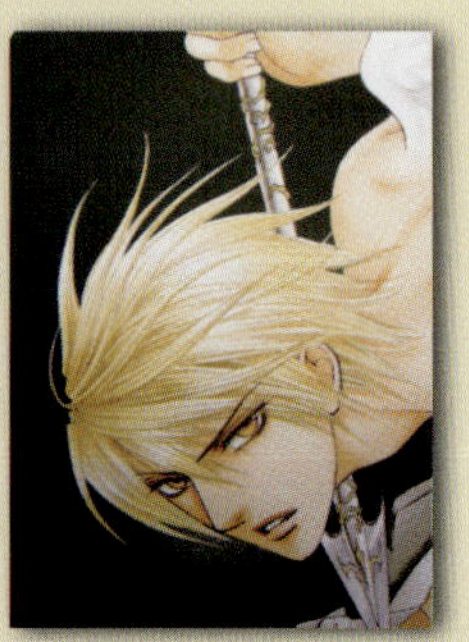

5

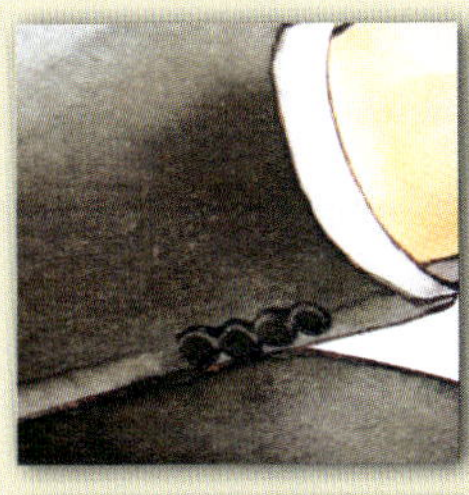
1

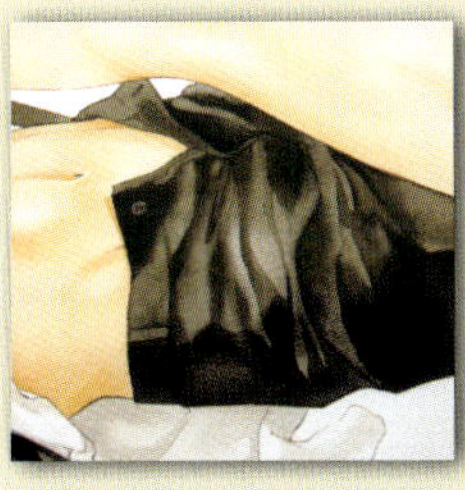
2

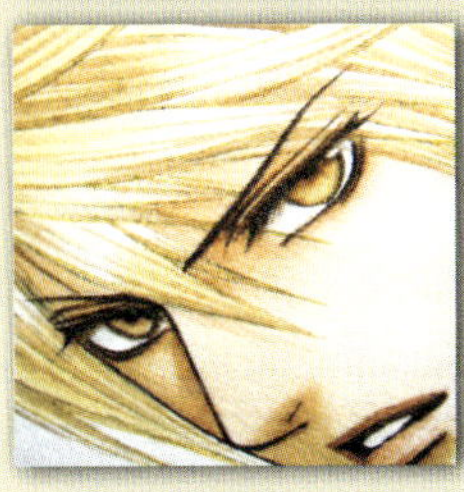
3

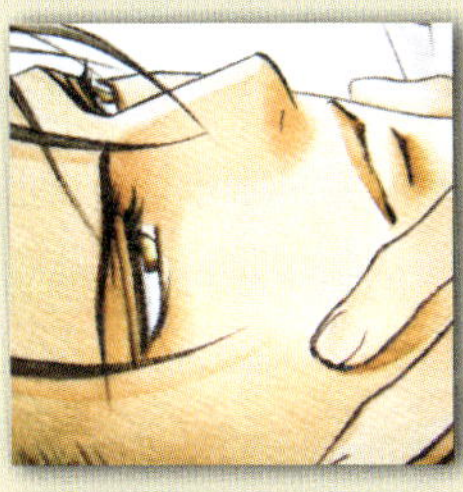
4

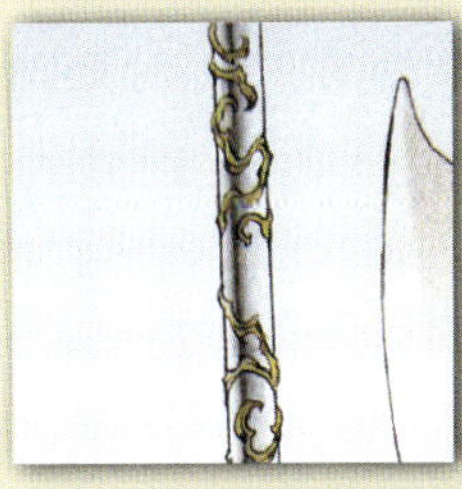
5

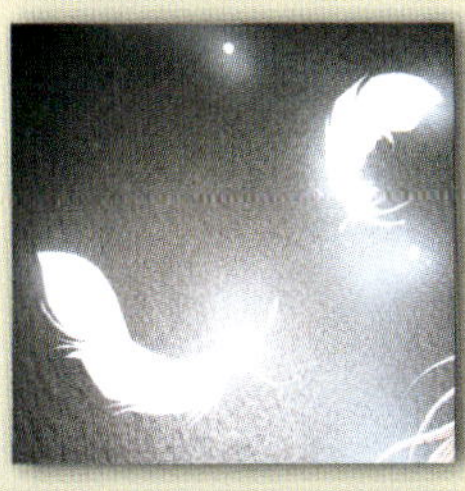
6

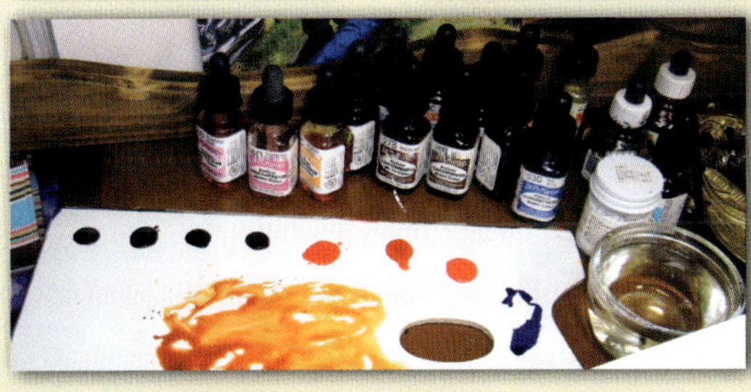
7

Bemerkenswerte Details

Details der Illustration unter der Lupe

1. Manschettenknöpfe: Sie nehmen nicht einmal 5 mm Platz ein, trotzdem dürfen sie nicht fehlen. | **2.** Für Anzüge und Ähnliches wird gerne der Airbrush genommen, doch hier wurde händisch koloriert. Dadurch kommt die Textur des Materials besonders gut zur Geltung. | **3.** Die Wimpern entstanden aus mehreren übereinanderliegenden Linien. Wichtig für das Kolorieren der Augen: So lange die Grundierungs- und Schattierungsschritte wiederholen, bis das gewünschte Ergebnis erreicht ist. | **4.** Glanzlichter befinden sich nicht nur auf den Augen, sondern auch unterhalb der Wimpern. Eine solche Liebe zum Detail macht wohl den Profi aus. | **5.** Der Griff des Speeres wurde in Silber und die Verzierungen in Gold koloriert. Auf diese Weise wird die Verwendung von unterschiedlichem Material suggeriert. | **6.** Der Hintergrund wurde mit dem Airbrush koloriert. Um eine gewisse Gesamtbalance zu erzeugen, wurden diverse weiße Federn hinzugefügt. | **7.** Für den gesamten Prozess wurde Tinte von *Dr. Ph. Martin's* verwendet. Auf einer Palette wurden die benötigten Farbtöne jeweils zusammengemischt.

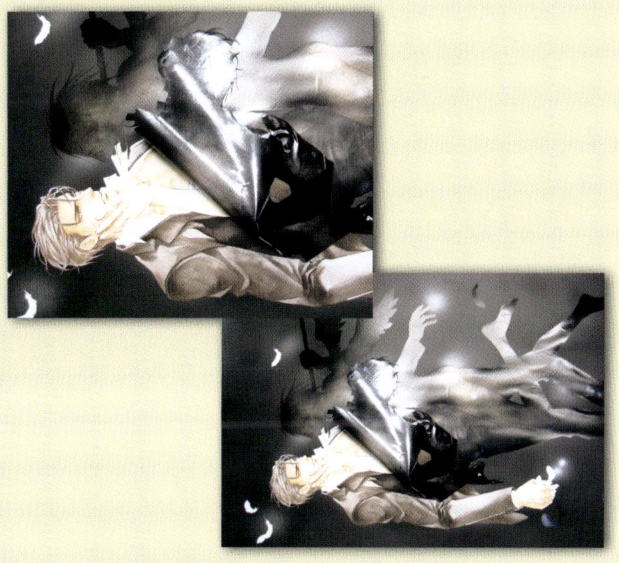

06 Das Kolorieren des Hintergrundes

Die gesamte Fläche wurde mithilfe einer Folie abgedeckt. Anschließend wurde die Folie präzise zurechtgeschnitten, sodass nur die Charaktere bedeckt blieben. Danach erfolgte das Kolorieren des Hintergrundes mit dem Airbrush. Auf den Fotos ist das Entfernen der Abdeckfolie zu sehen.

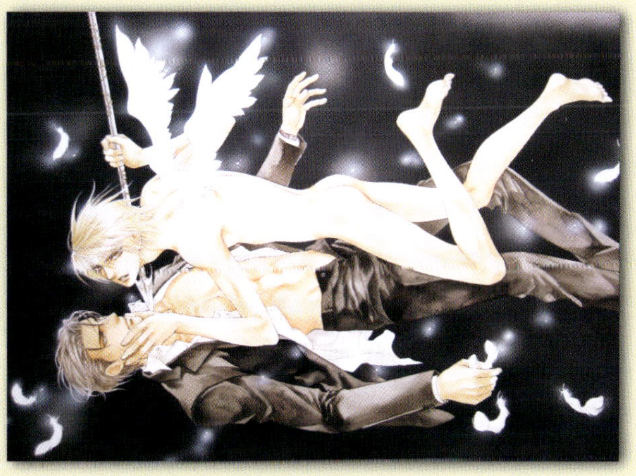

07 Der letzte Schliff

Haare und Augen erhielten letzte Glanzstellen. Außerdem wurden im Hintergrund noch weiße Effektstellen platziert.

Schritt für Schritt

Ryuichi Asami

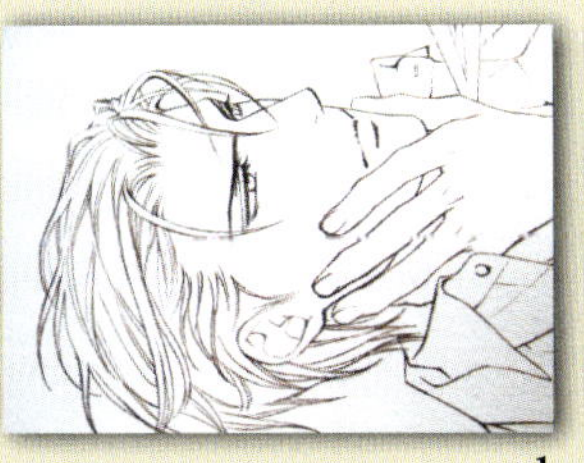
1

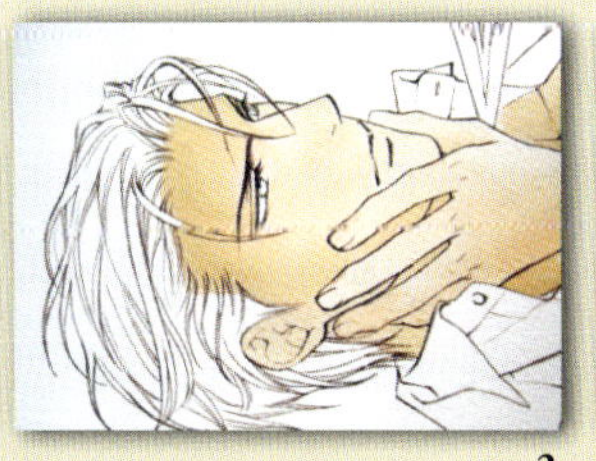
2

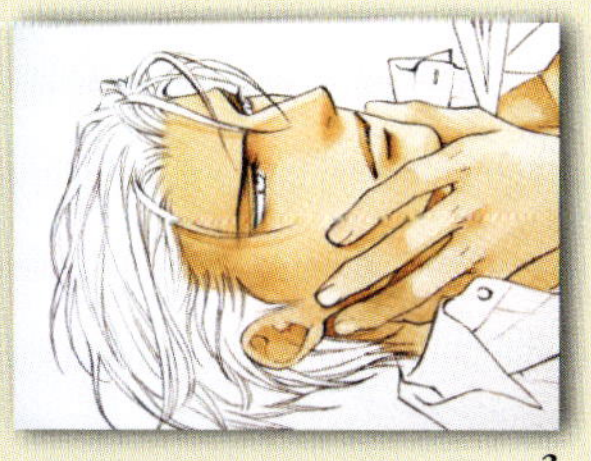
3

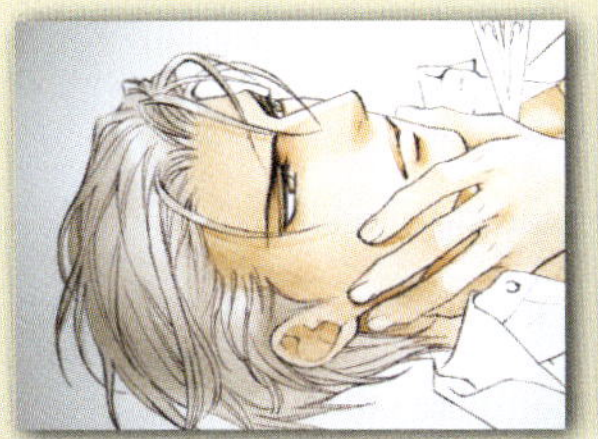
4

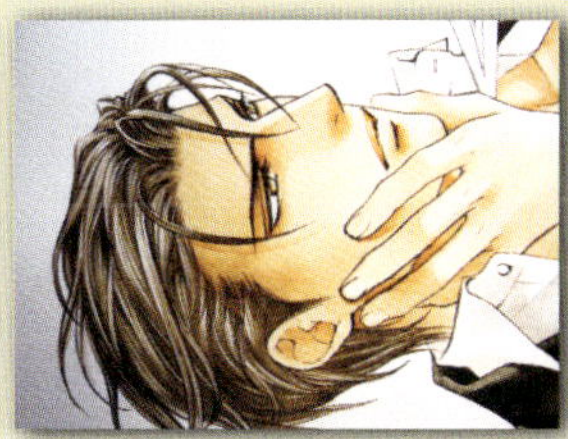
5

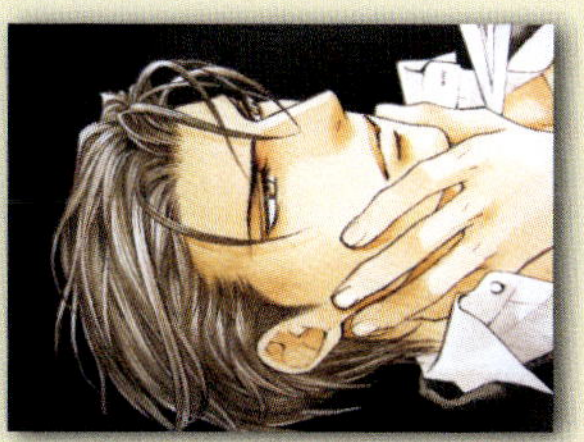
6

1. Nachzeichnen der Linien mit Tusche
2. Auftragen der Hautton-Grundierung
3. Schattieren der Hautpartien
4. Grundieren der Haare und Kolorieren der Augen
5. Schattieren der Haare
6. Kolorieren des Hintergrundes

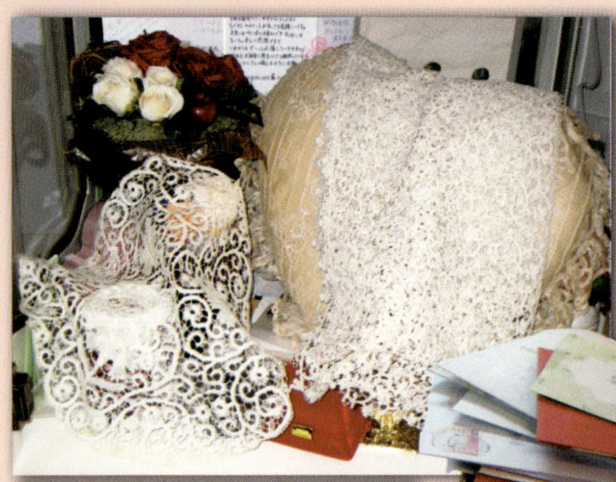
4

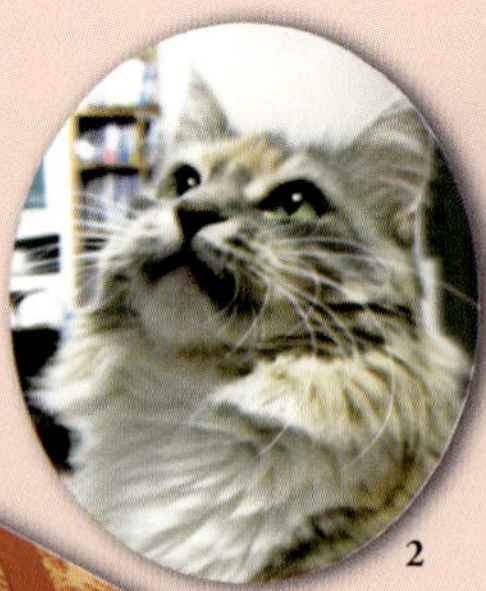
2

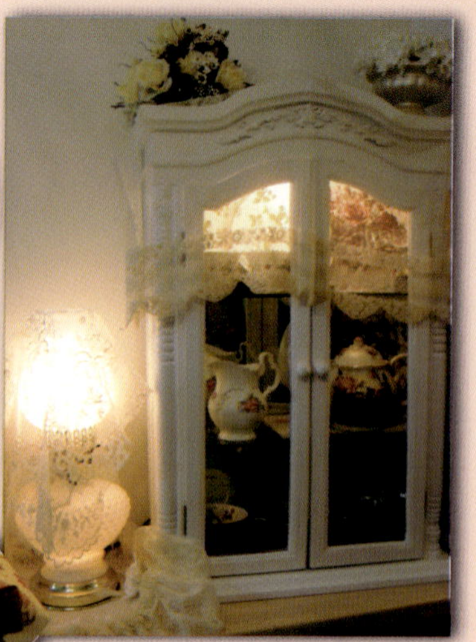
1

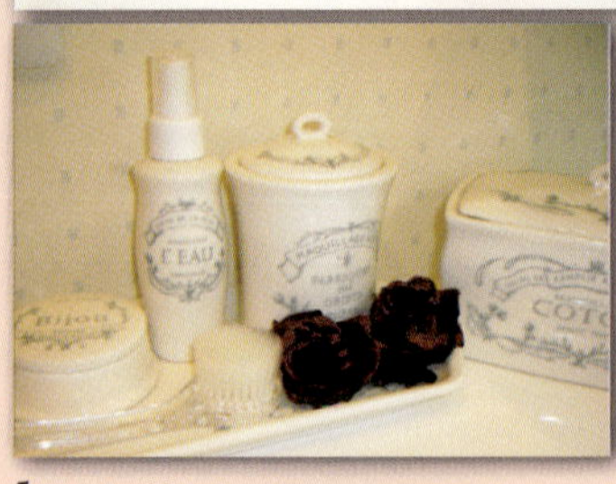
5

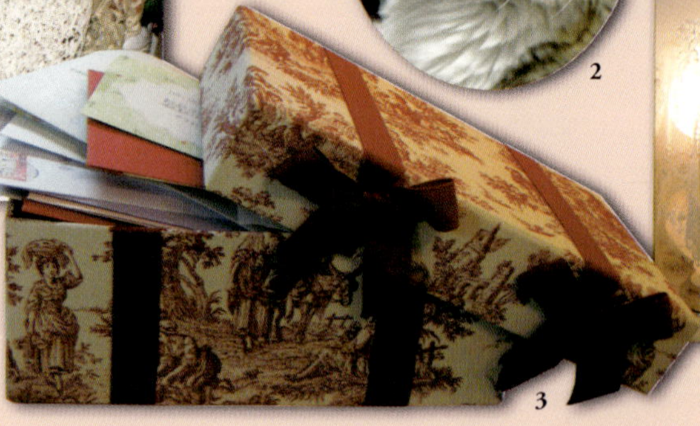
3

Das geheime Zimmer

Herzlich willkommen zu einem kleinen Rundgang in Ayano Yamanes traumhaften Reich!

1 Kleiner Geschirrschrank, in dem das gute Teeservice Platz findet. Die Lampe daneben ist selbstverständlich antik. | **2** Ayano Yamanes Katze Hikaru. Mit ihren hübschen Augen könnte sie glatt ein Maskottchen sein. | **3** Die Box, in der Ayano Yamane ihre sehr geschätzten Fan-Briefe aufbewahrt, ist mit Toile-de-Jouy-Stoff bespannt. | **4** Das Sammeln von antiken Stickereien ist ihr größtes Hobby. Man beachte auch die Leserbriefe im Hintergrund des Fotos! | **5** Die am Waschbecken aufgestellten Kosmetikartikel befinden sich in einheitlich gehaltenen milchigweißen Behältern. Ayano Yamanes Traumreich erstreckt sich eben auch auf ihr Waschbecken! | **6** Die im Wohnzimmer aufgestellte Vitrine ist nur mit stilechten Objekten gefüllt. | **7** Das oberste Fach der Vitrine: Im Vordergrund sind antike, in Deutschland gekaufte Serviettenringe zu sehen. | **8** Das zweite Fach von oben: Der Wein ist ein Geschenk von einem Fan. Als Ayano Yamane die Weinflasche bekam, war sie zu Tränen gerührt. | **9** Das dritte Fach von oben: Eine »Ethereal 101 Rosary Collection« von *Wedgwood*. Für Ayano Yamane war es Liebe auf den ersten Blick. | **10** Der Schminktisch ist ebenfalls in antikem Design und Ton in Ton mit Ayano Yamanes schneeweißer Katze Moe gehalten. | **11** Moe: Sie liebt Stofftiere. Wo hört Moe auf und wo fängt das Stofftier an? | **12** Die Schlafzimmerkommode ist mit Accessoires, Flacons und diversen antiken Kleinigkeiten geschmückt. | **13** Selbst Ayano Yamanes Bett könnte aus einer antiken Traumwelt stammen. Darin träumt es sich bestimmt ganz vorzüglich!

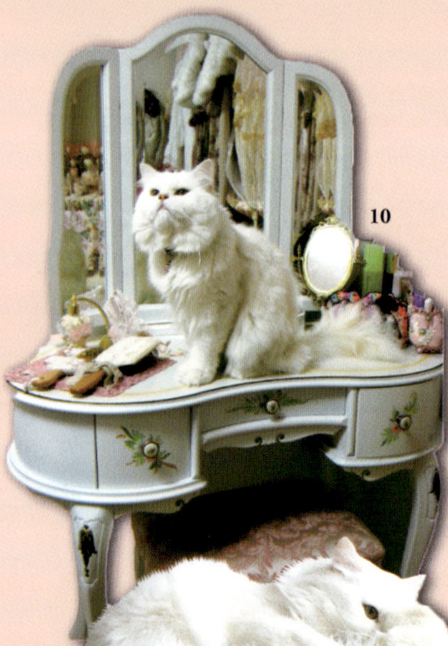
10

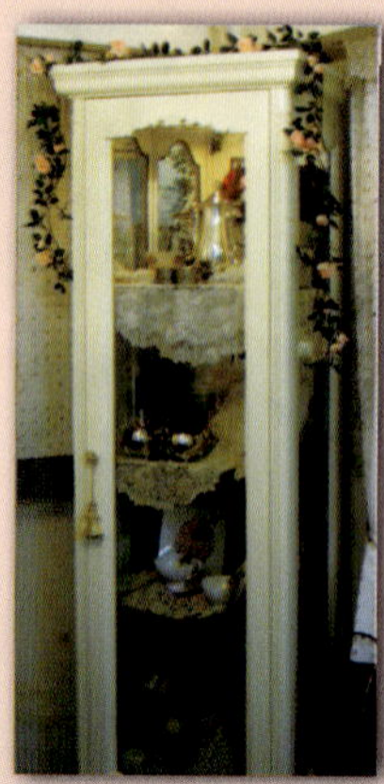
6

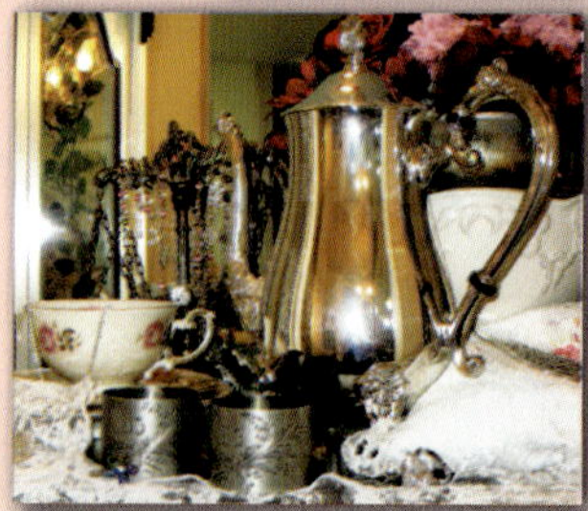
7

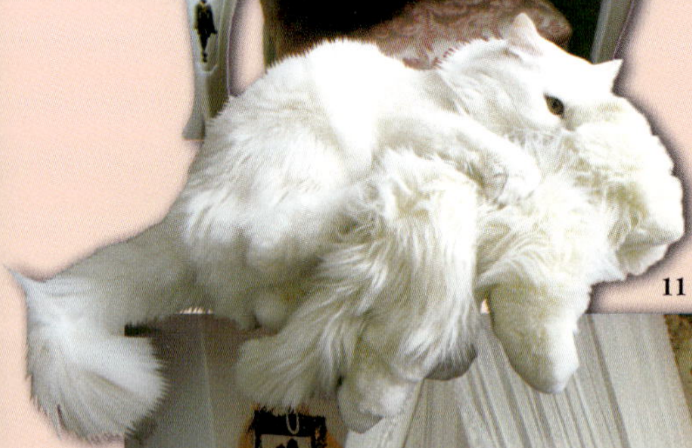
11

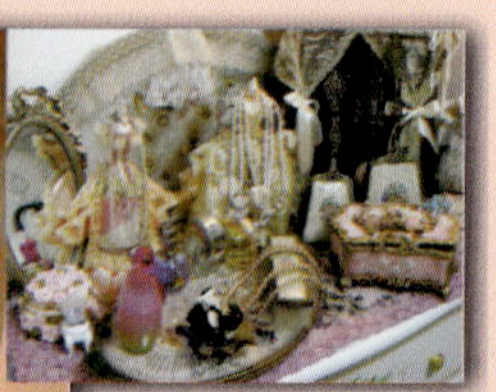
12

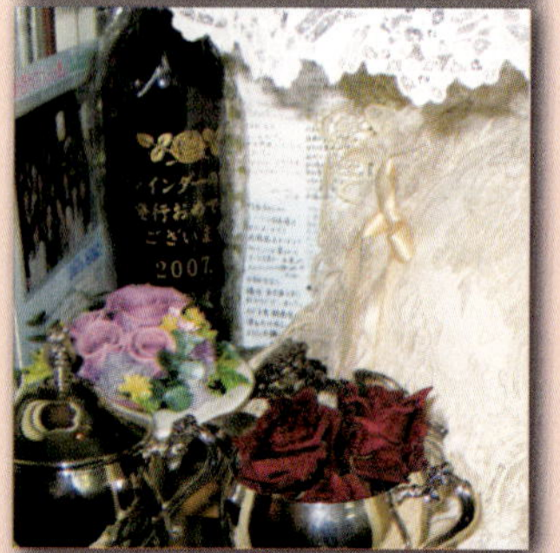
8

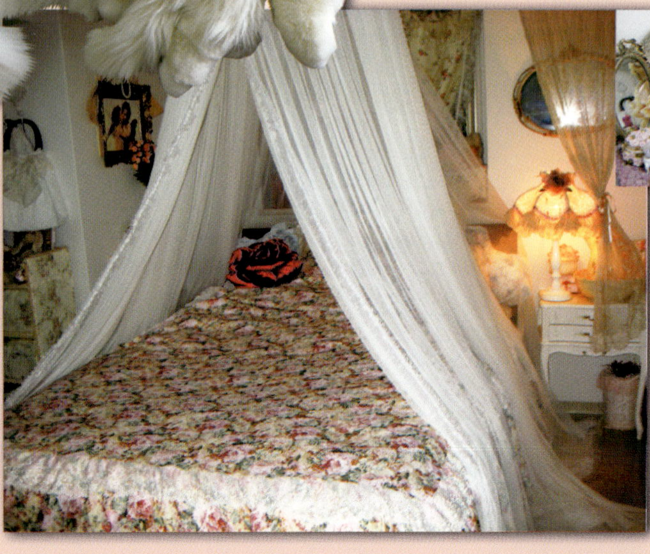
13

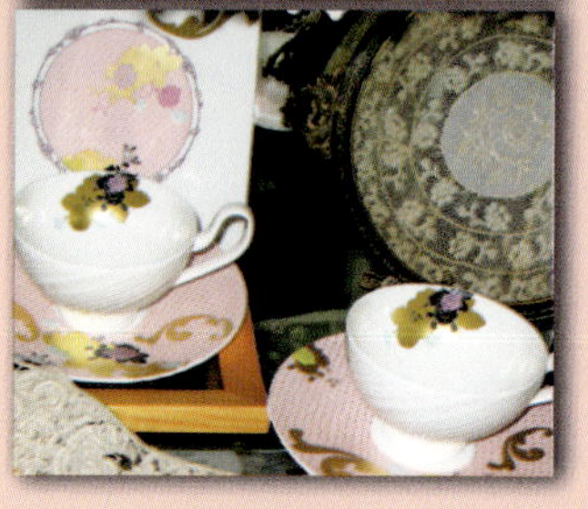
9

An alle Freunde der Serie Finder

Dieses Artbook ist für euch.
Ich wäre sehr glücklich, wenn ihr euch
an der Welt von Finder ein wenig
erfreuen könntet!

TOKYOPOP GmbH
Bahrenfelder Chaussee 49, Haus B
22761 Hamburg

TOKYOPOP GmbH
Bahrenfelder Chaussee 49, Haus B
22761 Hamburg

TOKYOPOP
1. Auflage, 2011
Deutsche Ausgabe/German Edition

Aus dem Japanischen von Josef Shanel und Matthias Wissnet

Redaktion: Alexandra Schöner
Lettering: Yvonne Schlatter
Herstellung: Martina Stellbrink
Druck und buchbinderische Verarbeitung:
freiburger graphische betriebe GmbH & Co. KG
Printed in Germany

Originally published in Japan in 2007
by Libre Publishing Co., Ltd.

Creative Staff (Japanese Original Version)
Design Mamiko Saito
Photos Hironobu Takenaka (STUDIO EGG)
Takahide Sato/ P. 2-3

ISBN 978-3-86719-707-6

www.tokyopop.de